每天演好一個情緒穩定的大人

老楊的貓頭鷹——著

前言

小時候，哭是搞定問題的絕招；長大後，笑是面對現實的武器。

你的演技不錯，尤其是假裝快樂，給人的印象是「吃可愛長大的」。

你面無表情地用著可愛的表情貼圖，一臉冷漠地敲著「哈哈哈」。

你外表是個唯唯諾諾的「老好人」，但內心是個一等一的「頂嘴王」。

嘴裡經常說「嗯」和「隨便」，心裡想的卻是「那怎麼行」。

給人的感覺是「樂意效勞」，內心卻在咆哮「煩不煩啊」。

你間歇性想談戀愛，但持續性不想理人。

本以為會在最好的年紀遇到最好的人，現實是你在最好的年紀卻誰都看不上眼的。

也曾騙自己說：「錯過就錯過吧，好的總是壓箱底。」但後來慢慢發現，自己的箱子深不見底。

你要用的東西總記不住放在哪裡了，想忘的遺憾之事卻總也忘不掉。

就像是你起身敬往事一杯酒，往事卻對你說：「不好意思，我今天開車，不喝酒。」

你本想來個鹹魚翻身，結果一不小心就黏鍋了。

也想過要努力變優秀，但「什麼都不做」的舒服打敗了「說到做到」的辛苦。

也想成為人生贏家，但「努力了卻沒結果」的沮喪擊垮了「我一定可以」的信心。

你體內住著一個不喜歡自己的自己，你平易近人的微笑藏著一長串厭倦的哈欠。

別人在社群動態裡發洩情緒，你都往自己身上扯；別人當面誇你幾句，你就會反覆掂量；別人一句無心的點評，你的心臟就像是被人捅了幾刀。

如果最後一則訊息沒有得到回覆，那麼你就會默默地再也不發了。

即便是最親近的朋友也不知道你擔心什麼，即便是你的親生媽媽也不知道你在為什麼而難過。

你覺得長大非常掃興，新鮮事寥寥無幾，糟心的事卻層出不窮。

你發現開心的事情沒那麼開心了，不高興的事情也沒有那麼不高興。

你總是從自己選擇的人生看向自己沒有選擇的另一種人生，一邊羨慕不已，一邊悔不當初。你心裡經常出現的句子是：「要是當初……就好了。」

你的優點是「知錯能改」，但缺點是「從來都不覺得自己錯了」；你擅長的事情是「閉門思過」，但思的永遠都是別人的錯。

你費了很大的力氣才說服自己，以為向生活低個頭、服個軟，生活就能對自己好一點點，結果卻發現，生活總是得寸進尺，因為它希望你能跪下。

你小隱隱於不發社群動態，大隱隱於各種社群。你每換一個社交軟體就換一種人設，每切換一個帳號就換一種人格。

你越來越清楚地發現，時間只是一個包治百病的庸醫，也越來越清晰地感受到了生活的堅硬、現實的功利和交際的不圓融，也越發有「我已泯然眾人矣」的傷感和「我還能怎樣」的無奈。

往前，沒什麼把握；往後，找不到退路；站在原地，又惴惴不安。

生活的真相就是：除了容易長胖，其他的都挺難。

反正啊，樓上的皮小孩不會因為你不舒服就停止砸東西，鄰座的情侶不會因為你沮喪就停止開懷大笑，同寢室的某某不會因為你想早點睡就安靜下來，頂頭上司不會因為你不高興就讓你的方案輕鬆通過……

反正啊，所有正在讓你崩潰的時刻，所有讓你惶惶不安的事情，所有你覺得跨不過去的坎，都得靠你自己熬下去。

反正啊，在束手無策的現在和得償所願的明天之間，在鋪天蓋地的焦慮和一切都塵埃落定之前，你還有大把時間。

世界到處都是透明的高牆，撞就撞吧，大不了兩敗俱傷！

畢業了但初吻還在，這沒啥；生活在人群中卻沒幾個能聊的朋友，這也沒什麼。

怕就怕，你內心早就認定了那是「無聊的圈子、無聊的話題」，卻又莫名其妙地盼著有人能邀請你。

不能造出太空船，不能創立商業帝國，這沒啥；天賦一般相貌平平，這也沒啥。

怕就怕，你一直在臨淵羨魚，但內心深處卻陰暗地盼著努力打魚的人們空手而歸；你從不去做退而結網的事，卻熱烈地盼著魚兒們從天而降。

喜歡穩定，喜歡歲月靜好，這沒什麼；喜歡努力，喜歡功名利祿，這也沒問題。

怕就怕，嘴裡說「我要好好愛自己」的是你，拚命把自己往深淵裡推的也是你；握緊拳頭想要和全世界大幹一場的是你，一上場就乖乖繳械投降的依然是你。

成長最緊要的任務是學會給自己鬆綁，而不是強行給自己加戲。

穩定情緒最要緊的事情是學會和自己和解，而不是和世界處處為敵。

如果上帝為你關上了一扇門，你就試試把門踹開，而不是讓上帝順便把窗戶也關上，以便你開空調。

如果命運扼住了你的喉嚨，你就伸手撓它的胳肢窩，而不是哭訴它沒有紳士風度，沒有對你憐香惜玉。

不要矯情地問自己，「因為加班欠下的旅行，準備什麼時候還上」，而是要清醒地問自己，「因為偷懶欠下的努力，準備怎麼補上」。

也不要因為別人在玩，在偷懶，你就心安理得地渾渾噩噩，而是要時刻提醒自己：

「我是砍柴的，他是放羊的，我跟他玩耍了一整天，他的羊吃飽了，我的柴怎麼辦？」

如果你的內在一直在成長，那麼你早晚會破土而出；但如果你只是謀求外在的熱鬧，那麼你只會被埋得更深！

搞定情緒不是靠忍，而是經過一次次的失去和擁有，是好好說話和付諸行動，是好好吃飯和馬上睡覺。

要想搞定情緒，你必須有一些觸手可及的目標，最好是今天就能實現的那種，比如上班不遲到，上課不玩手機，和某個朋友聊一會兒天，而不是非得「等你有錢了」或者「等你有時間了」才去做的事。

你必須有一些庸俗的喜好，最好是吃喝拉撒那種，比如去旁邊的小飯館買一碗祕製的炒河粉，去臨街的小店吃一份酸辣粉。

你必須在早上醒來的時候就清楚地知道今天最重要的任務是什麼，比如完成多少練習題，比如把昨天剩下的事情做完，比如向誰道個歉，或者陪某某去看場電影。

你必須給自己積攢一些細小的期待和成就感，你必須給無聊的日子一些額外的快樂和儀式感，這樣你才不會被遙遠的夢想和鋪天蓋地的壞情緒所累垮。

這樣的你就能把哭聲調成「靜音模式」，把情緒調成「飛行模式」。

這樣的你在無人捧場時，能幽默自嘲；在吃過暗虧後，還能仗義相助；在不被欣賞時，依然氣定神閒；在得不到回應時，仍舊不失本性。

這樣的你雖也遊戲人間但不沉迷；雖也雄心萬丈但不投機；雖也欲望纏身但不放縱。就算眼前是一片荒蕪，你也能像拓荒者那樣，期待著這裡變成人山人海的那一天。

這樣的你知道自己想要什麼，明確了當前最要緊的任務是什麼。所以，在大家都人云亦云的時候還堅信著什麼，在別人都隨波逐流的時候還發自內心地熱愛著什麼。

心裡有事，你就請個事假；心裡有病，你就請個病假。

允許自己沮喪一會兒，但沮喪完之後，還要繼續發光！

命運本來就是這樣：能看到真善美，也會遇見假醜惡；有不期而遇的溫暖，也有不辭而別的疏遠；有求而不得的關懷，也有失而復得的感動。

要學會接受它的狼煙四起和不懷好意，更要學會感激它的峰迴路轉和另有安排。

人生本來就是這樣：有人喜歡你，就會有人討厭你；有人在乎你，就會有人輕視你；有人讚美你，就會有人批評你。

你要學著用「這個人的喜歡」去趕走「那個人的討厭」，用「這個人的在乎」去打敗「那個人的輕視」，用「這個人的讚美」去抵銷「那個人的批評」。

生而為人，你不能讓這個世界為你提心吊膽。

生日和新年，就都不祝你快樂了，只祝你經歷了成長的曲折和生活的顛簸，仍然還覺得「人間值得」。

願你付出甘之如飴，願你所得歸於歡喜。

目錄

PART 3 講真的，如果吼可以解決問題，那麼驢將統治世界

PART 4 對不起，你的青春已餘額不足，且無法儲值

目錄

| Part 1 |

沒錯，長大是一件掃興的事情

越長大，就越清晰地感受到生活的堅硬、現實的功利和交際的笨拙，也越發有「我已泯然眾人矣」的傷感，
和「我還能怎樣」的無奈。
概括起來說就是：這世間，並不宜人。

01 每天演好一個情緒穩定的成年人

我一直以為，三歲小孩是沒有煩惱的。

直到有人告訴我，說他見過一個背著書包的小女孩在趕校車的時候摔倒了。她既沒哭，也沒鬧，而是自己爬了起來，一邊用手拍身上的灰，一邊噘著嘴巴說：「怎麼就沒摔死呢？摔死了我就不用上幼稚園了。」

我一直以為，收入穩定、家庭和睦的中年人會活得很愜意。

直到有人跟我說，說他在一家豪華餐廳的走廊裡看到一個三十多歲的男人，一邊用力地掐自己的大腿，一邊恭恭敬敬地接聽電話。他的臉色非常難看，但語氣中沒有一丁點的不耐煩。他說：「是的，老闆，『複製』是按『Ctrl＋C』，『貼上』是按『Ctrl＋V』，但是在家裡的電腦上按『Ctrl＋C』，然後在公司的電腦上再按『Ctrl＋V』，這絕對是沒辦法貼上的。是的，同一張圖片也不行。不不不，多貴的電腦都不行。」

「誰都不容易」，是真的。

看見吳大小姐趴在桌子上睡覺，我經過的時候輕輕地敲了敲桌子，並低聲提醒她：

「快起來，老大馬上過來了。」她迅速地把自己從桌子上「扶」了起來，像扶起一個碰倒了的水杯。

成功躲過一劫後，她在微信裡謝我的「救命之恩」，我順嘴關心了兩句，並提醒她以後晚上早點睡覺。結果她的回覆差點沒笑死我。

她說：「其實我很早就睡了，可是做了一晚上的惡夢。先是夢見一群人追著要打我，把我嚇醒了。等我再次睡著之後，結果又夢見了那群人，他們就一邊追我一邊喊：『你還敢回來啊。』然後我又被嚇醒了。」

笑歸笑，但我知道這是她瞎編的，因為她肯定是熬夜加班去了。昨天臨下班之前，她被老大咆哮的時候，全公司的人都在屏息凝聽。

老大的嗓門就像擴音喇叭，恨不得連南極的企鵝都通知到位：「就你這個工作態度，公司早晚要毀在你的手上。如果明天不能給我一個新方案，你就別來了。」

從老大的辦公室裡出來，她的眼眶是紅的，但是臉上掛著「今天天氣不錯」式的官方微笑，就好像剛剛發生的不是一場狂風暴雨式的痛批，而僅僅是一次聲音洪亮的談心。

不論是生活中捅了簍子，還是工作中戳了馬蜂窩，她永遠是一副「泰山崩於前而色不變，麋鹿興於左而目不瞬」的狀態。就像是在參加一場極其重要的酒會，就算是不小心穿了一雙磨腳的鞋子，縱然每一步都痛苦得如同走在刀刃上，臉上依然擺著優雅的笑。

有個同事找她抱怨說：「受的都是窩囊氣，賺的都是遭罪錢。」

她反倒去安慰人家說：「工作之所以拿薪水，就是因為折騰人嘛，如果工作是拿來享受的，那我們大概就得給老大錢了。」

我問過她：「為什麼不跟人解釋解釋？為什麼不抱怨？真的不難過？」

她輕鬆地說：「因為我很清楚，老大才不管我熬了幾次夜，他只看最終結果；同事也不在乎我哭過多少回，他們只看得到表面現象。所有的過程都得由我自己獨撐。與其在人前哭慘，不如裝個女漢子。」

她接著說：「我這些年來的最大收穫，就是在崩潰的時候不去連累別人，我曾經為了在這棟大樓裡找一個能大哭一場的地方，面帶笑容地爬了八層樓梯。」

說到這裡的時候，她來了一個一百八十度的轉彎：「所以，任何時候我都不會垂頭喪氣、拉著個驢臉，那樣會顯得腰圓、腿短、個子矮！」

原來，那些表面上看起來不動聲色的人，其實內心比誰都有韌性。

哪怕身體裡灌滿了悲傷或失望，他們也能穩住情緒，像是扭緊了瓶蓋，滴水不漏。然後，他們無害地湧入人群，坦然地承受生活的錘來錘去。

成長的過程中最要緊的事情是：停止暴露自己，學會隱藏自己。

那麼你呢？

你非常喜歡「從前慢、車馬也慢」的從容生活，可外送小哥如果遲到了兩分鐘，你就會破口大罵。

早上出門的時候想要做一個給大家帶來快樂的小天使，工作了一個小時就暴躁得像一隻霸王龍。

你時而對生活滿懷信心，但會在某個瞬間全盤推翻。信心爆炸的時候，你覺得自己無所不能，一旦被生活絆了一下，就馬上頹喪得六親不認！

更可怕的是，還有人會因為一時的情緒失控去摔東西、跳樓、搶行駛中的汽車方向盤，甚至失控地將凶器刺向陌生人……

我想說的是，生氣的後果永遠比生氣的原因要嚴重得多。

比如，簡單的摩擦常常是以大打出手結束，「今天的菜鹹了」往往是以「這個月都得吃外賣」結束，「你怎麼不理解我」大多是以「分手快樂」結束。

所以我一再強調：千萬不要用自己的那張臭臉和臭嘴，去影響別人的心情和生活，在關係脆弱的年代，所有的克制都值得提倡；也永遠不要因為自己的一時怒氣，去糾纏或挑釁陌生人，在僅有一次的生命面前，所有的退讓都無比光榮。

你要小心翼翼地發洩，精打細算地降壓，並且爭取在最短的時間內戴好用於偽裝的面具。

別想著如何改變或者拯救世界了，能不給這個世界添麻煩，你就已經很了不起了。

沒有什麼情緒是嘆一口氣緩解不了的，如果有，就嘆兩口氣；就像沒有什麼肚腩是吸一口氣藏不住的，如果有，就用力吸！

我和老唐家就隔了一條街。晚上八點多，我接到了老唐的電話。大意是，他家的薩摩耶犬被社區保全扣下了，讓我趕去處理。而他當時正在陪一個重要的客戶喝酒，並且對方點名要求他：「不醉不歸！」

等我趕到保全室的時候，只見一堆人圍著一隻狗，有指指點點的，也有邊說邊罵的。而那隻名叫「伯爵」的大狗狗，此時正蜷縮在牆角，就像一位破產了的馬戲團團長。

我擠到牠面前，牠一下撲到我身上，用兩隻前腳緊緊地抱住我，眼神裡堆滿了「我不知道發生了什麼」式的委屈。

經瞭解，原來是智商迷人的「伯爵」自己開了房門，然後從二十六樓一路「殺」到了二十九樓。這期間，二十七樓的泡菜、二十八樓的盆栽，以及二十九樓的鸚鵡，全都「壯烈犧牲」。

即便是聽到這裡，我也完全沒有意識到事情的嚴重性，甚至還在慶幸「幸虧牠沒有傷到人」和「幸虧牠沒有遇見壞人」。

我把這些情況告知了老唐，並向圍著要說法的人賠了諸多笑臉。

到了晚上十一點多，老唐終於回來了，陪我一起等他的，除了「伯爵」之外，還有二十八樓和二十九樓的兩家住戶。我後來才明白，他們兩家的損失最大。

其中二十八樓被毀掉的是一盆黑松，房主說，這是他日本的親戚送的，養了十多年，向老唐索賠兩萬元人民幣。

而二十九樓的那隻鸚鵡更是了不得，除了品種名貴之外，還和老主人相伴多年，因此索賠八萬元人民幣。

出乎我意料的是，老唐全程都很鎮定，沒有一句話是討價還價的，也沒有一個表情是憤怒不滿的。鑑於此，兩個鄰居慷慨地決定給他打個九五折。

在刷爆了兩張信用卡之後，老唐總算是能帶「伯爵」回家。

我原本以為，他會揍「伯爵」一頓，至少也會大吼一通。

然而沒有，他一進門就疲憊地癱坐在沙發上，抱著狗狗的腦袋，很溫柔地說：「想吃酸菜叫花雞啊，你跟我說啊，幹嘛自己動手，還去吃人家的，還那麼貴。」

然後，他平靜地給「伯爵」洗澡、梳毛、親手做狗糧……完成了一連串高品質的「鏟屎官」動作之後，他硬拽著我去陪他喝酒。

他邊把啤酒小口小口地往嘴裡倒邊說話，說著說著，竟然有了幾分哭腔。

他說他一整天都處在精神高度緊張和近乎崩潰的邊緣，除了要跟挑剔又愛貪便宜的合作客戶賣萌求關懷，還得跟精明又摳門的老闆鬥智鬥勇。

他說他有時候覺得這日子沒法過了，感覺就像是，自己不知道要去哪裡，可此時已經在路上了，路的後面沒有萬家燈火，前方卻是白霧茫茫。

喝完了酒，他瞬間就從神傷的狀態中變回了之前那種溫文爾雅的狀態。

我什麼都沒多問，只是靜靜地聽他說。我突然意識到，他怎麼可能沒有怨氣、憤怒？肯定有，只是他都藏起來了。

我瞬間覺得，這個世界上最厲害的人，不是手裡的武器有多先進，不是銀行帳戶裡的餘額有多可觀，不是腦子裡的人生哲理有多深厚，而是控制情緒的能力有多強。

這種人厲害的不是引擎，而是剎車；拚的不是速度，而是耐力。

這個世界到處都有失魂落魄的人。

半夜十二點，失戀的人正無比清醒地、翻來覆去地想著那個他。

凌晨三點半，四下無人的街上，喝多了的人正憤憤地罵著某個無腦的客戶。

連加了三天班，「熬夜大神」正拖著疲憊的身體，渾渾噩噩地回到了空蕩蕩的家裡……

可是，一旦早上的鬧鐘響了，他們就必須扔掉悲傷、脆弱、疲憊，重新披上盔甲，然後假裝什麼都沒有發生過一樣，重新投入生活。

是的，你已經是成年人了，就得把情緒當作一門生意，要自負盈虧。

如果說，平靜下來不是面對麻煩的最好方式，那麼憤怒或者崩潰更不是。

糟糕的情緒不但解決不了任何問題，還會把簡單的事情複雜化，你只會得到更多的反感、誤會、拒絕甚至是厭惡。

畢竟，你的每一段經歷都是一個溫柔而又犀利的道理，你的每一次臭脾氣都是一個可笑而又尷尬的案底。

所以，不要再將脾氣暴躁、情緒失控的自己比作「帶刺的玫瑰」了。事實上，只有那些有能力、有顏值、有身材、有性格而且還有人疼愛的人，才有這樣類比的資格，像你這樣「一點就著、一碰就炸開，而且根本沒人心疼」的人，其實更像是一根「狼牙棒」！

經常聽到有人說：「成長就是把哭聲調成靜音的過程。」為什麼要調成靜音？因為小時候哭鬧和發脾氣，會有人來關心你、幫助你、慣著你，而且你不需要對此有什麼心理負擔。現在的情況大不相同了，一來，在意你情緒的人越來越少；二來，你會擔心因此打擾了別人，同時不想被人擔心。

難怪在網路上提問「『我很難過』怎麼翻譯？」，獲讚最多的答案是「I am fine（我很好）」。

活著都不容易，所以請盡量克制自己的情緒。能說「我不知道」的，就別說「我怎麼知道」；能說「是的，沒錯」，就別說「那你說呢」；能說「還行」的，就別說「你怎麼會喜歡這種東西」；能說「怎麼了」，就別說「又怎麼了」；能沉默的時候，就別說話。

如果實在忍不住想翻個白眼，就先閉上眼睛。

最好的態度是：不鑽牛角尖、不攀比、不戀戰，悄悄地努力，悄悄變厲害。

就像作家余華寫的那樣：「做為一個詞語，『活著』在中國的語言裡充滿了力量，它的力量不是來自喊叫，也不是來自進攻，而是忍受，去忍受生命賦予我們的責任，去接受現實給予我們的幸福和苦難、無聊和平庸。」

這樣的你才能一邊盡興地享受生活，一邊耐心地忍受生活，享受它的巧妙安排和豐富多彩，忍受它的不懷好意和狼煙四起。

人生總是這樣：有順風順水的時候，也會有四處碰壁的時候，你要懂得用「春風得意」時的自己，去拉一把「水深火熱」中的自己。

有人喜歡你，就會有人討厭你，你要學著用「被人喜歡」的喜悅，去排遣「被人討厭」的不安。

有人在乎你，就會有人輕視你，你要懂得用「被人在乎」的榮幸，去打敗「被人輕視」的忐忑。

有人讚美你，也會有人批評你，你要嘗試用「被人讚美」的滿足感，去為「被人批評」的挫敗感買單。

生而為人，你不能讓這個世界為你提心吊膽。

最後，讀一首楊一午的《一次最多放兩個》吧。

「你如果／緩緩把手舉起來／舉到頂／再突然張開五指／那恭喜你／你剛剛給自己放了個煙花。」

02 你和自己都相處不了，卻總想和別人打好交道

老胡發了一個社群動態：「出售本人，自己不想要自己了，活得太累。本人手續齊全，外表有點福氣、有點歲月磨損，心裡有點傷，但生活能自理。有意者歡迎諮詢，含郵，自己上樓。」

我評論道：「來來來，寄到我家來，除了風花雪月，我這裡有酒有肉。」

不一會兒，他就發了一張喪氣的自拍照，眼神渙散，愁眉苦臉，像個被摔壞了的洋娃娃。

一問才知道，他被部門的同事們孤立了。每次討論問題，他說的話都會被其他人一致否定；節日聚會，幾乎沒有人會約他一起。更糟糕的是，他能在社群網站裡看到另外四個人發的聚餐照片。

老胡是個出了名的「獨行俠」。從高中開始，他就一個人吃飯，一個人上課，一個人自習，到了大學還是那樣。他走路的速度是正常人的兩倍，不是因為有什麼著急的事情，而是為了盡可能地縮短在路上的時間，也因此避免遇見什麼人。

我至今還記得他的個性簽名檔寫的是：「從童年起，我便獨自一人／照顧著／歷代的星辰。」

他問我：「被孤立了該怎麼辦？」

我回答說：「你高中和大學是怎麼辦到的，現在就繼續那麼做。畢竟你當前的生活不是你最後的歸宿。」

很多人都遭受過孤立。

有的人僅僅是因為被圈子裡最受歡迎的那個人討厭了，其他人就跟風站隊，一起排擠某個人。

有的人是因為相貌、身材、出身等方面處於劣勢而遭到孤立，還有人是因為成績出色、能力出眾、氣質超群而被貼上「不合群」「孤僻」的標籤。

換句話說，很多人之所以被孤立，很多時候並不是因為自己做錯了什麼。

你只是水流當中那塊比較大的石頭而已，別人越不過你，只好從你身邊繞行！

那麼你呢？

剛到一個新環境的時候，因為擔心喊錯了別人的名字，所以你一直不敢跟對方說話，迫不得已要說話，開口就直接說「喂」。

排隊的時候，發現有陌生人打算站在你旁邊，而不是排在你後面時，你瞬間會被焦慮淹沒。

逛超市的時候，如果不買點什麼出來，你就擔心被超市保全當成小偷。

在人多的地方你從來不會吃洋芋片，因為你擔心嘴裡發出的聲音像建築工地上施工的聲音。

其實，每個人身上都有一些特性，有人擅長交際，有人天性冷清；有人善解人意，有人後知後覺。可惜的是，總有一些人為了顯得合群，為了符合大眾的眼光，賣力地消除自己身上的怪癖，也因此毀掉了他們的天賦。

當一個人以「合群」為榮，評價進步不以成績和結果，而是以社群網站上的評論數、按讚數、合照數為標準，那麼這個人必然會被社交拖垮。

你必須學會和自己作伴，而不是委曲求全地擠進某個圈子。

這麼做的壞處是，你的社群網站裡按讚數很少，你的聚會很少，你收到的生日祝福很少；但好處是，你不必為了順從或討好別人而扭曲自己。

我知道「做自己」很難，每個人身邊都有一群人想要改變你、教育你、糾正你，每次「做自己」都像是起義一樣，會輕易被他們嘲笑、被鎮壓、被孤立。

但是，你至少應該有所反抗，有所堅持，畢竟這是你的人生，就算真的要毀，那也要毀在自己手上。

別人說你不可愛，你馬上就裝得人畜無害的樣子來；別人說你素質低，你馬上就歇斯底里；別人說你傲慢無禮，你馬上就擺出一副臭臉。

你怎麼就這麼聽話呢？別人說你什麼，你就馬上證明他是對的。還是那句話，你是內向型性格，就要努力向內去靠攏，而不是強行改變自己，弄出一身內傷！

有很長一段時間，我對「高冷」這個詞有誤解。誤以為高冷的人不過是圈子太窄了，眼光太高了，又或者是性格有缺陷。直到我認識了曾姑娘。

曾姑娘是社群裡出了名的「高冷女神」，想要「融化」她的人前赴後繼，但她依然單身著。有陌生人加她微信，她會耐心地聽完對方加她的目的，然後再決定是馬上刪掉，還是過幾天再刪。所以她的連絡人名單最多的時候也不超過五十人。

她偶爾參加聚會，但話一直很少。別人三三兩兩地聊得熱火朝天，她就安安靜靜地坐在一旁。她不會無聊地獨自玩手機，而是非常耐心地聽著，偶爾還會幫忙遞個零食。

閨密談戀愛了，別人都是一窩蜂地起鬨，要求帶男友出來見見，她卻一聲不吭送精緻的禮物給人家；閨密要是失戀了，別人都是說一堆寬心話，她卻是直接幫對方把前男友的聯繫方式刪個精光。

有人追求她：「我會對你很好，你願意做我的女朋友嗎？」她反問道：「你願意和一個不喜歡你的人在一起嗎？」

有人和她斷交：「以後我們是陌生人。」她回覆道：「我們一直都不熟。」

原來，真正的高冷，是不過分熱情地討好，也不違背良心地諂媚；笑容可掬卻難以靠近，態度和藹但隱有殺氣；獨居斗室和浪跡天涯是一種心情，四下無人和熙熙攘攘是一種狀態。

反之，見誰都是一副苦瓜臉、言辭刻薄而且傲慢無禮的人，他們算不上高冷，而是社交無能！

就好比說挑食。挑食沒有問題，你有不喜歡某種食物的權利，沒有人有資格逼你。

但如果你不喜歡某道菜，然後在飯桌上擺出一副臭臉，翻翻這個盤子，又戳戳那個盤子，內心其實在咆哮：「怎麼會有這麼難吃的東西？」「這麼噁心的東西你們怎麼吃得下去呢？」這樣的你就會非常讓人討厭。

同樣，不喜歡自己所在的圈子也沒有問題，你有選擇的權利，別人也有不喜歡你的權利。如果你處在一個讓你非常痛苦的環境中，要麼就學會忍耐，然後改變環境，要麼就勇敢地離開它。

不要待在痛苦的地方自我糾結，今天失魂落魄，明天怨聲載道，這只會讓別人得出一個錯誤的結論，然後指責你、嘲笑你，並且加倍地孤立你。

有人可能會誤以為佯裝高冷就是「做自己」，但真正做自己的人都擅長處理好「羨慕嫉妒恨」這些容易讓人失控的情緒。

看著別人功成名就了就說「命運對自己不公平」，看著別人順風順水就說「生活待自己刻薄」，看到別人前擁後呼就說「人心薄涼而且勢利」……時時刻刻都在和旁人做比較，本質上還是想要成為別人，哪裡是在做自己呢？

當你篤定地朝著目標努力的時候，別人過什麼樣的日子，關你什麼事？

真正在做自己的人，在心靈上一定是井然有序的狀態，對自己也是彬彬有禮的姿態！

所以，不要羨慕別人的滔滔不絕，也不用嫉妒別人的一呼百應。話多的人很有可能是在害怕著什麼，話少的人常常是因為堅信著什麼。

被問到「你為什麼一直單身」，女神俞飛鴻的答案是：「因為我不覺得單身有問題！單身或者結婚，對我來說都不是什麼難題，我覺得哪種選擇更舒服，我就待在哪種選擇裡。」

被問到「一個人待著，你不會覺得寂寞嗎」，山本耀司反問道：「寂寞？還有什麼能比孤獨更奢侈？」

被問到「結婚」的話題，林夕的回答是：「很多人結婚只是為了找個跟自己一起看電影的人，而不是能夠一起分享看電影心得的人。如果只是為了找個伴，我不願結婚，我自己一個人就能去看電影。」

原來，這個世界上有那麼多人做著「買櫝還珠」的蠢事，不是因為不識貨，而是因為他們知道自己想要什麼！

有個好玩的寓言。

小狗覺得大家不喜歡自己，就去找大狗訴苦。

大狗說：「你抱怨大家不理你，因為小貓在抓蝴蝶，小豬在唱歌，小雞在抓蟲子。可是，你有沒有陪小貓抓蝴蝶，陪小豬唱歌，陪小雞抓蟲子呢？」

小狗說：「難道陪他們玩，我就不孤獨了嗎？」

大狗說：「不會，你陪他們做自己不喜歡的事情，時間長了，你會更加孤獨。」

小狗又問：「那到底怎樣才能不孤獨呢？」

大狗說：「孤獨是必然的，反正我是沒有那種能夠完全避開孤獨的方法。但我想提醒你的是，不要把別人的冷漠當成自己孤獨的原因！」

你躲在角落裡，既沒有吶喊，也沒有發光，憑什麼得到這個世界的矚目？

你一聲不吭地藏在人海裡，既沒有技壓群雄，也不算鶴立雞群，又憑什麼責怪沒有人看到你？

敏感的人就像是拿著一個放大鏡看世界。得到一丁點的善意或者遭遇一丁點的惡意，他們都會銘記於心或者耿耿於懷。

別人在社群網站裡發洩情緒，你都往自己身上扯：他是什麼意思？是不是對自己有意見？是不是自己做錯了什麼？

別人當面誇你幾句，你就會反覆掂量：他是不是隨口一說？他是不是在諷刺自己？他是不是有什麼別的動機？

別人一句無心的點評，你的心臟就像是被人捅了幾刀：他都那樣說了，肯定是不太喜歡；他說得那麼直接，肯定是自己做得不好。

別人突然不回訊息了，你就會想，是不是自己剛剛說錯話了，是不是對方誤會自己什麼了。

不會和別人發生正面衝突，因為你既害怕別人看到自己失態的樣子，也害怕沒有人會站在自己這邊。

不願主動參與競爭，因為你怕自己爭不過別人，也怕自己是被放棄的那個選項。

不敢跟親近的人坦露心聲，即便是最好的朋友也不知道你暗戀著誰，即便是你的媽媽也不知道你在為什麼而難過。

總的來說就是，無論要做或者不做什麼事情，你首要考慮的總是別人的看法。

因為你的身體裡住著一個不喜歡自己的自己，所以你在自己周圍築起了高牆，沒有人能真的進來，也盡量不放自己出去！

但我想說的是，人不可能全然不顧別人的看法，但也不必只活給別人看。

既然你選擇了一種與眾不同的生活方式，又何必去在乎別人以與眾不同的方式對待你？

亞里斯多德說了：凡隔離而自外於城邦的人，他如果不是一隻野獸，那就是一位神祇。

即將畢業了，但初吻還在，這沒什麼。一把年紀了，沒有幾個知根知底的朋友，這也沒什麼。

怕就怕，你內心早就有了結論——「這種無聊的聚會我是真的不想去」，但又莫名其妙地心存期待——「好希望有人能邀請我去」。

成長最緊要的任務是給自己鬆綁。

他突然不理你了，就是他在忙，沒有別的原因；有人誇了你幾句，就是他覺得你在某個方面表現不錯，沒有什麼陰謀；有人批評了你幾句，就是覺得你在這個地方還需努力，並沒有否定你全部的人生。

希望你能明白，很多讓你糾結的事情，並不是事情本身有問題，而僅僅只是你想多了。

微博上曾有一個問卷，問題是：「你最愛自己什麼？說出來讓大家也喜歡一下。」有個回答讓我看著心疼，他說：「我盯著問題發呆了半天，腦子裡竟然空空如也，因為我突然意識到，對自己發自內心的那種愛，好像一點都沒有。」

在社交如此便捷的時代，我們的生活也變得前所未有地喧囂。我們一方面見識到了這個世界的美好，參與了越來越多的分享和交流，另一方面又會不自覺地陷入焦慮和自卑中。

因為網路會營造出兩種錯覺：一種是讓人誤以為不用見面、不用花時間、不用很優秀、不用好看也能交到很多好朋友。

另一種是讓人覺得別人都活得很精彩，只有自己一無所知，一無所有，什麼都做不好，很沒用！

為什麼有的人不管多大年齡，角色永遠是「被生活騙了的人」？為什麼有的人換了很多公司，角色永遠是受氣包？為什麼有的人換了很多個男朋友，角色永遠是苦情女主角？

為什麼倒楣蛋總是他？為什麼懷才不遇的總是他？為什麼遇人不淑的總是她？

事實上，當「出身不好、學歷不高、相貌不行、交際不好、環境不行」的念頭塞滿了你的腦子，你的人生就註定會永無寧日。

反之，當你認清了自己的不足，然後接受了這些不足，你就應該把注意力放在認真做事、變得優秀上，這樣的你就無暇去赴孤獨的宴請。

無人問津也好，技不如人也罷，你要試著安靜下來，問問自己還可以做點什麼，然後馬上著手去做。而不是讓煩躁、焦慮、嫉妒、不甘之類的壞情緒毀掉了你本就不多的熱情和定力。

如果你的內在一直在成長，那麼你早晚會破土而出；但如果你只是謀求外在的熱鬧，那麼你只會被埋得更深！

03 沒錯，長大是一件掃興的事情

晚上十一點多了，不夠好小姐突然給我發了十多則訊息。

大意是說，她和她的生活都很「喪」，她是沮喪的喪，而生活是喪心病狂的喪。

比如大前天是她二十七歲的生日，但她寧可把自己關在租屋處裡吹生日蠟燭，也不敢在社群網站裡呼朋喚友，她怕別人知道了不想理她。

結果如她所願，一整天收到的生日祝福沒有一則是來自朋友的，都是來自某某銀行和幾年前逛過的某某網站。

比如上週五老闆喊她去談話，她滿心歡喜，以為老闆會跟她談談漲薪的事情。結果老闆只說了一句話：「下次幫我泡咖啡的時候，記得加一包奶精。」

她不知道當前工作的意義在哪裡，每次回想過去一段時間的收穫，感覺就像是從一場昏睡中醒來。

又比如前些天有親戚逼她相親，她剛推託說「最近有點忙，下次再約」，對方馬上咆哮起來了，意思是說：「你都一把年紀了，還好意思挑三揀四？」

她不明白，為什麼自己的命運要由一些既不是真心愛她，也不是真正理解她的人來擺布。

情緒崩潰的導火線出現在今天早上，她將大瓶裝的化妝水往一個精緻的小瓶裡倒，結果一不小心倒多了，化妝水灑出來很多。她當時的第一反應居然是用嘴巴去啄，就像倒可樂倒滿了用嘴去吸一下，以免浪費。

她說：「那一刻我沮喪到了極點，我突然覺得自己是稀裡糊塗活到這把年紀的。稀裡糊塗地上學、戀愛、分手，然後單身至今；稀裡糊塗地找了一份不怎麼喜歡的工作，和幾個不喜歡的同事一起工作，做著不喜歡的事情。而我身邊的很多人似乎非常清楚自己想要什麼，他們知道什麼時候該學習，什麼時候該戀愛、結婚、跳槽……他們好像天生就知道該怎麼長大成人，而我卻一直是個稀裡糊塗的笨小孩。」

我回覆她：「其實，大家都差不多，越長大就越覺得快樂少得可憐，就像乞丐碗裡的幾枚硬幣似的值得感恩。」

你會發現，朋友越來越少，親人越來越老。

剛剛在KTV裡一起唱「朋友一生一起走」，出了門卻只能在心裡嘀咕：「咦，都到哪裡去了？」

始終覺得自己還是一個活在父母羽翼之下的小孩子，可一轉身卻發現父母都老了，老得走路都踏不出聲音了。

你會發現，想記的記不牢，想忘的忘不掉。該背的單字和公式，你是過目就忘；該忘的人和事，你卻記得死死的。就像是，你起身敬往事一杯酒，結果往事對你說：「不好意思，我今天開車，不能喝酒。」

並沒有親歷什麼驚天動地的大事，但一堆無足輕重卻蜂擁而至的小事卻足以擊潰你的心理防線，它們串成了鞭炮，讓你的靈魂不得安寧，讓你咬牙切齒地把這個混蛋的世界恨了好幾遍。

但我想說的是，長大過程中遇到的每個問題，都是為你量身訂做的，既避免不了，也無人代勞，唯有靠你自己死扛。

解決了，你就是這一屆人類當中的佼佼者；解決不了，你就不得不繼續在人海裡熬。

呱呱墜地的時候，我們誰都沒想到這是一個如此蠻不講理的世界。

有些人的夢想是親自上月球取一塊石頭，有些人的夢想卻是去街頭雜貨店裡買一個棉花糖；有些人覺得被叮嚀、被囑咐是一種束縛，有些人卻自始至終都無人問津；有些人生來就天賦異稟，有些人不得不流汗死撐。

也曾抱怨過生身父母，但後來逐漸意識到，他們為了供養自己已經竭盡所能；也曾抱怨過生不逢時，但慢慢瞭解到，自己並不是命運的特別關注。

那麼，活在焦慮之中，同時不被好運氣垂青，並且一路上跌跌撞撞的你，認命了嗎？

是選擇控訴命運，然後混吃等死，還是選擇埋頭努力，去改變現狀？是選擇自艾自憐，然後昏昏欲睡，還是選擇腳踏實地，勤勤懇懇？是選擇嫉妒那些自帶主角光環的人，還是選擇好好珍惜尚在身邊的人？

其實，長大的意義就在於，你會越來越頻繁地意識到「我的選擇其實非常有限」，但也越來越清醒地知道「我永遠都能選擇」。

就像蔡康永在《蔡康永愛情短信：未知的戀人》中寫的那樣：「森林不殘酷嗎？有災病獵殺，但動物仍美好著。宇宙不殘酷嗎？荒寂無回應，但星辰仍美好著。社會也殘酷，有生死離別，會井乾路絕，但人仍美好著。」

是的，出身無法選擇，但人生可以！

如果上帝為你關上了一扇門，你就試試把門踹開，而不是讓上帝順便把窗戶也關上，以便你開空調。

如果命運扼住了你的喉嚨，你就伸手撓它的胳肢窩，而不是哭訴它沒有紳士風度，沒有對你憐香惜玉。

想起了和覃姑娘的一次長談。

她說：「長大有什麼意思呢？聰明得像個嚴絲合縫的笨蛋，心裡噁心還要假裝合群，討厭得要死還不能撕破臉皮，然後還假裝豁達地自我暗示：看清她何必要揭穿，討厭她何必要翻臉。但毫不掩飾地說，我沒有那麼豁達，我有時候甚至會邪惡地盼著她出門被車撞，最好是撞成半身不遂的那種，然後長命百歲，孤獨終老！」

覃姑娘說的那個「她」其實是她的室友，暫且叫她X。

大一那年，覃姑娘在一家烤肉店打工，每天被吆來喝去，累得腰酸背痛，一天才賺一百五十元人民幣。X知道了，就當眾問她：「你賺了錢，是不是應該請大家吃東西？」

覃姑娘實際上非常不情願，因為那是她的血汗錢，而且她早就算好了，辛苦一個月加上省吃儉用的錢，剛好給自己報個英語補習班。可X又當眾補了一句：「如果捨不得就算了。」

萬般無奈，覃姑娘第二天將辛苦賺來的一百五十元全部買了燒烤、炸雞和啤酒，然後拖著疲憊的身體、頂著凜冽的北風帶回寢室。結果X一句感謝的話都沒有，就帶頭招呼大家享用，就好像是她買給大家的一樣。

快要吃完了，X突然問了一句：「這些肉該不會是烤肉店裡的剩菜吧？」眾人哄笑。

覃姑娘被氣傻了，她沒想到人可以討厭到這種程度。她想撕破臉大罵X一頓，可她根本就張不開嘴。

從那之後，覃姑娘對X的討厭到了深惡痛絕的程度。用覃姑娘的話說就是：「想到要和她同寢四年，我絕望得就像是買了一張需要站四年的站票。」

很多時候，即便X一動不動地坐在寢室裡都會讓覃姑娘噁心到發慌。她翻書的聲音、喝水的聲音、走路拖地的聲音都能讓覃姑娘抓狂。不論多麼愉快的一天，都能被X

的出現瞬間毀掉，然後不由自主地想要翻白眼。

被X按過讚的微博和社群動態，覃姑娘都會偷偷地刪掉，就連被她摸過的門把手，覃姑娘都不想再碰了。

覃姑娘曾在社群動態裡發過一些狠話，悄悄地表達她對X的強烈不滿，甚至還轉發了一些關於分寸和尊重的文章。結果X居然還跑來按讚，並且評論道：「別跟那些壞人一般見識，你還有我啊！」

有的人啊，你必須指著他的鼻子罵，他才知道是在罵他。

覃姑娘問我：「該怎麼對付這種人？」

我反問她：「英語檢定考試準備得怎麼樣了？閱讀計畫、健身計畫、學習計畫進展如何？下個月就是某某某的生日，禮物選好了嗎？你計畫暑假帶你媽媽旅行，錢存夠了嗎？有那麼多要緊的事情在等著你，你居然在為一個不要緊的人傷腦筋！」

你身邊有這種非常討厭卻不能撕破臉皮的人嗎？

你是不是非常在意他的舉動，無論他說什麼、做什麼，你都覺得不爽？你們是不是表面上相安無事，但其實早就詛咒對方無數遍？你是不是被他氣得吃不香、睡不好，是不是想處處與他為敵，逼他向自己求饒？你是不是盼著他失敗、出糗、倒楣，盼著他不開心、不走運？

我們為一個人生氣，主要原因是我們拿他沒有辦法。但我想提醒你的是，勞神費力地討厭一個人其實是在變相地醜化自己。

往近了看，你把本應該用在進步和快樂的時間浪費在生氣和皺眉上，然後報復心理會扭曲你的靈魂，讓你和壞人一樣心理變態，面目可憎。

往遠了看，比起餘生要遇到的諸多難題和「奇葩」，眼前這個不可愛的小朋友真的不值得你浪費時間去傷腦筋，她還不夠資格列入你人生的「七十二難」。

在有能力徹底擺脫他們之前，你既要學會微笑面對，還要學會果斷拒絕。你要努力去適應所在的環境，不管是變化的季節，還是叵測的人心。

正所謂「人生如戲」，與日俱增的，除了年齡，還應該有演技。

不管是在清水中，還是在臭水溝裡，只要你有心往前游，你就有機會擺脫你討厭的環境。這個過程確實很噁心，但主動權一直在你手上。

所以，請繼續保持克制，保持上進，守住你的原則，護好你的尊嚴，學好你的知識，賺好你的錢，和那些玩得來的人一起玩。

做你覺得要緊的事，走你認為善良的路，少理那些滿身是嘴的怪物。

如果說，你總是把注意力放在那些不喜歡你的人身上，這對那些喜歡你的人來說，非常不公平。

和老周吃飯閒聊，他突然說：「我最近特別羨慕我兒子，羨慕他的夢想可以三心二意，今天想做畫家，明天想當科學家，後天想成為歌唱家。」

我隨口問：「那你的夢想呢？」

他把一塊牛肉塞進嘴裡，嚼了好半天才說：「唉，以前挺想當個詩人，現在只想抓緊時間賺錢，替兒子多賺幾間房子。」

我理解他的身不由己，但從「唉」的嘆氣聲中還是能聽出幾分不甘心。

曾在校慶晚會上抑揚頓挫地誦讀「竹杖芒鞋輕勝馬，誰怕？一蓑煙雨任平生」的那個浪漫少年變了，他已經好久沒有體會「醉後不知天在水，滿船清夢壓星河」的美了，再也讀不出「日暮酒醒人已遠，滿天風雨下西樓」的傷了。

坦白來說，我們沒有能力抓緊時間，相反，是時間抓緊了我們。

它縱容我們在少不更事的時候無理取鬧，允許我們在不明事理的時候橫衝直撞，而它卻在暗地裡、在不動聲色的日子裡，悄悄地推著我們往前，它慫恿我們往更遠、更陌生的地方奔赴，然後，它突然鬆手，讓我們以措手不及的尷尬姿勢脫離青春，驚悚地飛向成人世界。

長大之所以讓人掃興，是因為你突然發現自己的愛好、熱情、夢想逐一「陣亡」了：你不再好奇山裡有沒有神仙、宇宙有沒有外星人，不再好奇歷史上存不存在龍或者鳳之類的物種……

你理直氣壯地認為：「這些跟我有什麼關係？考試又不考！」

你發自內心地覺得：「知道這些東西有什麼用？又不能當飯吃！」

曾經沉迷的一切都變成了可有可無的消遣，曾經深信不疑的道理現在已經很難說服自己。

你在不知不覺中變得縮手縮腳，你不再對任何人掏心掏肺，不再對任何事情寄予厚望，並且開始計較付出和收穫能不能成正比，開始希望在最短的時間內、花最小的力氣得到最多的回報。

然後，你每天在鬧鐘響起之前就睜開眼睛，準時起床、吃飯、出門，按時上班打卡，做著重複的無聊工作，「鎮壓」著焦慮的情緒，然後結束匆忙且壓力超大的一天，拖著疲憊的身子回家，最後熬到深夜再沉沉睡去。

上下班的路線閉著眼也能走完，家裡的東西熄了燈也能迅速找到，就連節日裡問候朋友的話都有了固定的套路。

你說這是成熟，但聽起來更像是死了。

你真的討厭長大嗎？

不。你只是討厭自己從意氣風發到垂頭喪氣，從天賦異稟到陷落庸常，從熱氣騰騰到無聊至極。

又或者說，你只是討厭曾經和自己一樣灰撲撲的人，突然變成了一束光，而自己還是灰撲撲的。

你只看到了不公平，卻看不到自己的成長。

你覺得不滿足、不甘心，很大程度是因為你發現了那些沒有努力的人也活得不錯，也能拿和你一樣的薪水，享受和你一樣的待遇，而你努力了也不過如此。

你覺得所有的好處都是均分的，而所有的難題都是你「獨享」的。

你不再相信真善美，卻鼓吹權力和運氣。

你不相信僅憑努力、熱情和堅持就能得到欣賞，卻誇大了關係和馬屁的作用；你不相信靠努力、實力和創意就能取得突破，卻鼓吹權力和運氣的重要性。

你找到了幾千種理由來為自己越來越平庸開脫，你變換著幾十種語調去嘲諷那些孜孜不倦卻暫時沒有成功的人。

你一直在臨淵羨魚，但內心深處卻陰暗地盼著打魚的人們空手而歸；你從不去做退而結網的事情，卻熱烈地盼著魚兒們從天而降。

換句話說，你只是強調了長大的掃興，卻對長大的意義視而不見！

你總說長大奪走了你的親人、朋友、戀人，卻不說它讓你明白了友情、親情和愛情都是價值連城的稀有之物。

你總說長大拿走了你的熱情和夢想，銷毀了你的純真和童心，但不說它打開了你的見識，讓你知道人生還有無限可能，知道世界上還有很多難以想像的美好。

你總說長大給了你無數的責任和壓力，卻不說它在給你難堪和難關的同時，也在協助你變強，變聰明，變從容。

成長就是一遍一遍地懷疑自己以前深信不疑的東西，然後推翻上一個階段的自己，長出新的智慧和性情，帶著無數的迷惘與不確定，堅定地走向下一個階段的自己。

你知道，問題會疊著問題而來，但你更加確定的是，這個問題會搞死那個問題！

事實上，在成長的過程中，好事和壞事、好人和壞人你都會遇見，就像低俗與高雅，邪惡與善良，急性子與拖延症，都在你身上共存一樣。

所以，偶爾看透但別失望，偶爾迷惘但不沉淪；承認長大的掃興，也要努力活得盡興。

所以，堅定地做你自己，同時允許別人看法不同；溫柔地愛這個世界，但隨時準備要與之抗爭！

04 萬事開頭難，中間難，結尾也難

社交軟體大致可以將年輕人分成四類：一是好想賺錢的，二是好想談戀愛的，三是好想吃東西的，四是好想死的。

坐在我面前的蕊蕊屬於第四類。

就在十分鐘之前，她發了一個動態：「上學的時候比分數，工作了比薪水，現在連走幾步路也要比……放過我吧，我只想做一個與世無爭的垃圾。」

算起來，蕊蕊是我家的親戚，是大姨的妹夫的外孫女那種拐了很多彎的關係。我記得她小時候特別不喜歡數學，一算加減乘除就說肚子疼。她的媽媽就會安慰她：「等你考上大學就好了。」

可惜的是，她在歷經磨難才考上的大學裡迷失了。沒有學會琴棋書畫，倒是精通了菸酒髒話；沒有變成「腹有詩書氣自華」的人，渾身上下卻散發著「我的命不怎麼好，所以我隨便活著就行」的氣質。

畢業一年半，託了關係才被一家雜誌社錄用，她以為自己的苦日子到頭了。不曾想，雜誌社除了加班，還是加班。今天比稿件品質，明天比選題創意，後天比藝術審美……其辛苦程度不亞於大學入學考前夕。

可即便如此，她還免不了被矮她一大截的小姐姐當眾訓斥：「你到底會不會？不會就回家歇著！」

總的來說就是，本想來個鹹魚翻身，結果一不小心黏鍋了！

她問我：「不是說萬事開頭難嗎？我艱難地考上了大學，費勁地得到工作，可生活還是一團糟。活著可真難啊！」

說最後一個字的瞬間，她就像吹嗩吶似的哭了起來，嘴巴、鼻子、眼睛和眉毛全都擰到一塊，難看得像是一樁冤案。

我遞過去紙巾，等她稍微平復之後才說：「沒錯，萬事開頭難，但是中間難，結尾也難。考上大學只是你下一段艱難求學歷程的開頭，找到工作也只是你謀生必然要走的第一步，距離你想要的那種愜意生活還有無數個曲折的中間和艱難的結尾。」

越長大就越容易發現，很多態度真誠的話都是騙人的。

比如父母對你說「等你長大了就好了」，班導師對你說「等大學入學考結束了就好了」，前輩對你說「新工作適應幾天就好了」……

結果你卻發現，長大了什麼都沒有變好。大學入學考結束了還有各種各樣的人生大考以及各種莫名其妙的排行榜，新工作適應了幾天馬上就會出現別的考驗。

單身的時候，朋友跟你說「等你遇見愛情就好了」；戀愛出現了小矛盾，閨密對你說「不行就分」；看到了喜歡的東西，朋友勸你「喜歡就買」。

結果你卻發現：不只是遇到愛情很難，相處也很難，白頭偕老更難。

那些稍有不滿就輕易分手的人，最後往往都是單身至今；那些為了喜歡的東西而不顧後果的人，最後不得不用六位數的密碼保護兩位數的餘額。

說到底，長大是一個不斷打怪升級的過程。五歲打的是五歲的妖怪，十八歲打的是十八歲的妖怪，五十歲打的是五十歲的妖怪……

不管是哪個年紀，都會有對應這個年紀的麻煩；不管人生走到了哪一步，都有對應這一步的難關。只要你還活著，打怪升級的遊戲就不會有通關的一天。

別想跳過當前的難關，也別以為過了這一關就萬事如意，不會的。你只有打敗了眼前這個年紀的妖怪，才能在眼前這個年紀好過一點，也才有可能攢夠本事和經驗去對付下一個年紀的妖怪。

十八歲的人可能覺得五歲的妖怪沒什麼了不起的，因為他們只記得那時候不用考試，沒有壓力，但別忘了，當你只有五歲時，算術、畫畫、早起、跟大人打招呼……哪一個不是大難題？

五十歲的人會覺得十八歲的妖怪不值一提，他們只記得那時候的生活滿是激情、敢愛敢恨。但也別忘了，當你正處十八歲時，考試、交朋友、談戀愛、長相、前途……哪一個不是大難關？

最尷尬的是，有的人十八歲了還打不過五歲大的妖怪，所以就算是年近三十，依然是「得不到就哭，輸了就鬧」的小孩子模樣。

我的書桌上一直擺著一張合照，那是和老吳高空彈跳之後的留念合影。照片背面有一句話，也是老吳寫給我的：「任何好事都不會輕易發生。」

這是六年前的事了。那時的我下定決心要以寫字為生。我熬了很多夜，寫了很多稿子，也投了很多家出版社，可根本就沒有人理。每次打開電腦看著幾十萬字靜悄悄地躺在螢幕裡，就像是每天開門都能看到幾十個上門要債的債主。

我的一腔熱血慢慢成了紅色的冰沙。可當我把焦慮、苦悶、迷茫、憤慨一股腦地說給老吳聽時，他一句寬心的話都沒說，而是直接拽著我來玩高空彈跳。

記得當時排了很長的隊伍才到了售票處。

老吳問售票人員：「多少錢一次？」

對方回答：「帶繩的一百八十元人民幣，不帶繩的免費。」

老吳趴在窗口上笑，說道：「兩張，帶繩的。」

我根本就笑不出來，我對這種自虐的遊戲一點不感興趣（準確說是我不敢跳）。在距離跳台二十公尺的地方，我的心跳聲就變成了密集的鼓點；在距離跳台兩公尺的地方，我整個人都凌亂了，當時心裡的困惑是：「我是誰？這是哪兒？來這裡幹什麼？」

等到工作人員替我穿戴安全繩的那一刻，我的身體和大腦都已經接近失靈的狀態，大腦只能發出「拜託你們認真點，把我當條人命看！」的求生信號。

結果是，在我毫無準備的情況下，一個「喪心病狂」的工作人員把我推了下去。

我根本來不及恨他，只覺得我的腦袋快要炸了，心臟快要停了。我竭力繃緊身體，可根本就對抗不了地心引力，我努力地張大嘴巴，可根本就喊不出來。除了忍受耳邊呼哧呼哧的風聲，我唯一能做的就是裝出慷慨赴義的神情。

看著我失魂落魄地著地之後，老吳一臉滿足地攙著我去拍了合照。然後說了一段我這輩子都不會忘的話，我甚至還記得他當時的語速很慢，感覺聽完這段話的時間夠我燒開一壺水。

他說：「生活就像是高空彈跳。從做出決定，到縱身一躍，再到自由落體，每一步都很難，都需要極大的勇氣和耐心，但自始至終你都很確定，死不了的。」

老吳是吃過苦的人。在他很小的時候，父親就因為鬥毆進了監獄，母親因為家裡貧窮而離家出走，擺在他面前的是一個糟糕透頂的爛攤子：家裡有臥病在床的奶奶和嗷嗷待哺的弟弟。

那時的他怕黑，怕冷，更怕餓。可除了怕，他不得不去做點什麼，因為天冷總要取暖，肚子餓了總得吃飯。他白天去撿塑膠瓶，晚上去飯館裡洗碗，稍大一點去做洗車工、搬家工人……最難的時候，他兼了三份工作，一天只能睡兩三個小時……難熬得像是踩著剎車去跟人賽車。

在很長一段時間裡，老吳都悲觀地認為：人生就是由一連串的災難組成的。

在不幸的生活中待得越久的人，就越能理解一個無奈的道理：僅僅只是壞事結束，就足以讓人覺得幸福。

他熬過來了。

他說：「當我意識到，熬過這一關還有更難熬的，我就不覺得這一關難熬了，而且，當我發現不論多糟糕的事情都弄不死我的時候，我就徹底釋然了。很多事情都是自己嚇唬自己，站在一邊看，躺在床上想，怎麼都覺得難，等到真正去做了，發現也就那麼回事。」

如今的老吳有了自己的工作室。他讀了很多書，並且擅長彈鋼琴。他可以一邊跟你討論人工智慧的走向，一邊彈奏蕭邦的夜曲。外人根本就不可能看得出來，那些任何一件就可以壓垮一個人的事情在他身上發生過。

他接著說：「個人經驗是，一定不能把時間浪費在焦慮上。要想向這個世界討點公道，焦慮是最沒用的，因為它會吞噬你大把的時間，讓你覺得有事在忙，實際上卻什麼都沒做。你要繼續寫、繼續改、繼續投稿，直到你甘心放棄為止。因為任何好事都不會輕易發生！」

是啊，反正又死不了，反正又避免不了，反正又沒有更好的選擇。

無論我們願不願意，麻煩都不可避免；無論我們歡不歡迎，未來一定會來。但只要活著，那麼一切都是「未完待續」。

反正啊，所有正在讓你崩潰的時刻，所有讓你惶惶不安的事情，所有你覺得跨不過去的坎，都得靠你自己熬下去。

反正啊，在束手無策的現在和得償所願的明天之間，在鋪天蓋地的焦慮和一切都塵埃落定之前，你還有大把時間。

世界到處都是透明的高牆，撞就撞吧，大不了兩敗俱傷！

網路上有個新名詞叫「第二次成年」，大致是指那些被生活逼出內傷的年輕人。

他們已經沒有了童年的天真和純粹的快樂，初嘗了人情的冷暖；他們的枕頭裡有發霉的夢想，夢裡有無法擁有的戀人；他們終日混跡於社交網站，但可以說上幾句話的人卻寥寥無幾。

他們擔心自己被同齡人拋在身後，同時又懷疑自己是不是根本就沒有成功的命；他們沒有經歷過什麼大災大難，卻早早地丟失了本就不多的少年意氣。

對於「第二次成年」的你而言，現實殘酷得像是一場屠殺。

它會將你對這個世界的美好想像、諸多期待、無限的好奇、善意、熱情和真心，逐一「處決」。

然後，你會慢慢發現，喜歡的作家去世了，最親近的人變老了，熱捧的球星退役了，看過的動畫片停止更新了，喜愛的明星不再表演了……

你還會發現，樓上的小屁孩不會因為你熬了三天夜就停止摔東西，鄰座的情侶不會因為你很沮喪就停止開懷大笑，同寢室的某某不會因為你想早睡而安靜下來……

概括起來說就是，每逢你覺得自己的人生已經跌入谷底的時候，就會有人及時地送來一把鐵鍬！

然而，你又不得不承認：現實雖不美好，但並不意味著「不好」。你在時光的河裡浮沉，在人海裡晃蕩，總還是能夠打撈到一些足以照亮生活的美好瞬間。

比如，你因為那個去世的作家的某句話而開啟了全新的人生；你因為親人的變老而越發強大；你因為那個退役的球星知道了什麼叫忠誠；你因為那個終結的動畫片知道了為什麼要善良；你因為那個不再表演的明星知道了什麼是教養……

又比如，你寒窗苦讀十多年終於拿到了某所大學的錄取通知書；你鏖戰數日攻下了一道工作上的難關；你獨自生活了很多年終於遇見了一個知心伴侶……

你比誰都清楚，練習答題並不輕鬆，熬夜一點都不酷，孤單也不值得羨慕，但你比誰都明白，這些雖不美好，但是值得；結局雖然照舊是「很少能贏」，但有時也會。

所以，不要止步於說「萬事開頭難」，而是要明白「中間難，結尾也難」。

有了這樣的認識，你就不會被接踵而來的新問題打亂陣腳，而是在對這個世界翻完白眼之後，可以俏皮地吐吐舌頭！

也不要用「好事多磨」來安慰自己，而是要清醒地明白，不好的事情照樣多磨。

有了這樣的理解，你就不會寄希望於轉發一張錦鯉圖就能飛黃騰達，不會把爛攤子都交給時間，更不會靠哭鬧和抱怨來解決問題，而是敢抓住自己的頭髮，把自己從泥坑裡拽出來！

生活的真相就是，除了容易長胖，其他的都挺難！

美國有個大法官在他兒子的畢業典禮上發表了一篇題為《我希望你不幸且痛苦》的演講。

他說：「在未來很多年中，我希望你被不公正對待過，因而你會知道公正的價值；我希望你時不時地感到孤獨，因而你不會把朋友當作理所當然。

「當你失敗時，我希望你的對手會幸災樂禍，這讓你意識到有風度的競爭精神的重要性；我希望你被忽視，因而你會意識到傾聽他人的重要性；我希望你遭受剛剛好的痛苦，這能讓你學會同理心。」

一個人承受過劇烈的愛恨和悲喜，就會對生活有更清醒的認識，就會對未來有更周全的準備，就會對眼前的困難和將來的計畫有更多的耐心，而不是僅憑一腔熱血和滿腦子的美好想像去勇闖天涯，然後被硬邦邦的現實撞得人仰馬翻。

不能忍受命中註定要忍受的事情，就是軟弱；不去做好「總會出現困難」的準備，就是愚蠢。

換言之，當你經歷過很糟的時刻，你就不會輕易跪倒在困難面前；當你見識過更好的生活，你就不會輕易選擇差勁的人生。

不要覺得人生的下一站一定會更好。上學的時候憧憬工作、工作之後又懷念上學的人不在少數。因為他們慢慢就會發現，進入社會之後，會遇到比學校裡的某某「奇葩」十倍的人，會見識到比寢室裡的某某不講理二十倍的人，會忍受被同學誤會難過三十倍的委屈，會背上比考試不及格重一百倍的壓力。

所謂的「詩與遠方」，其實是把眼前的苟且都熬過去之後才有可能擁有的。

人生是一道接著一道的選擇題，而且是「怎麼選都必然會遇到困難，怎麼活都註定會後悔」的選擇。所以在我看來，即使世界上真的有後悔藥，那些喝下後悔藥的人將來也會後悔喝藥的。

但是，那些在結果出現之前能夠拚盡全力的人會後悔得少一些，那些在結局塵埃落定之前奮力一搏過的人會遺憾得輕一點。

願你偶爾不幸，也願你終能盡興，而不總是僥倖；願你有脾氣，也願你有力氣，而不盡是戾氣。

願你付出甘之如飴，願你所得歸於歡喜。

05 既對世俗投以白眼，又能與之「同流合汙」

去老丁家裡做客，剛放下果籃，他就招呼我去幫忙，說廚房的水池裡養著兩條魚，讓我去比一下哪條魚長得更帥。

我一臉詫異地問：「然後呢？」

他停下了正在切菜的手，然後用刀擋住一隻眼睛，怪笑著說：「嘿嘿，長得帥的就是今天的下酒菜！」

提起老丁，我的腦子裡第一個蹦出來的形容詞是「俗不可耐」。

作為一個教古代漢語的大學教授，他最喜歡聊的話題居然是催婚、催生、催買房子。他生平最大的願望是開個店，左邊說媒拉紅線，右邊房產仲介。為此他說過一句「名言」：「但凡勸人不上學去打工的，或者勸人不結婚、不買房、不生孩子就在一起過日子的，都有問題，不管是以『為你好』或者『我愛你』的名義，還是以文藝或者自由的名義。」

除了話題俗，他的喜好也俗。他喜歡看低俗的言情小說，不喜歡木心的詩，也沒看過三毛的故事。他最喜歡聽東北二人轉和老調梆子，對一群人端坐著聽的那種音樂演奏會根本提不起興趣，也不會關心西蒙波娃瞧不瞧得起男人。

他的衣著打扮也很俗，一旦收起了笑，就像是煩人的教務處主任；一不小心笑歪了嘴，就是地主家的傻兒子。

最叫人難忘的是去年捐血。他跟護士說抽兩百毫升，結果抽到九十毫升的時候，他覺得不舒服，哭著喊著說：「哎呀，我怕是不行了，我怕是要死了！」然後求護士小姐：「快啊，快給我打回去！」

可儘管如此，所有熟悉老丁的人又會覺得：他俗得讓人服氣！

他能把枯燥的古代漢語課講出麻將館的味道，所以他的公開課常常被學生們圍得水洩不通。

他能從低俗的言情小說中總結出人性的種種，然後還寫進論文裡發表了，並且獲獎了。

他拜了專業的老調梆子演員做老師，然後在民俗比賽中的表現不亞於專業選手。

他不怕吵鬧，逢年過節去看二人轉節目，一看就是一整天；他也不怕獨處，跟自己的鞋子也能聊一個下午。

那天吃飯的時候，我問他：「做為一名大學教授，你這麼俗氣就不怕被學生們笑話嗎？」

他用力地吸著田螺說：「他們怎麼看我是他們的事，又不是我的事。再說了，不被人笑話就脫俗了？」說完換了一顆田螺接著吸，然後冷不防地補了一句：「來來來，告訴我，都有誰笑話我了？我保證不打死他。」

真正高級的個性是，既能和這個世界抱作一團，也能自己一個人玩。

這樣的人能夠坦然地活在這個鬧哄哄的世界裡，不裝腔作勢，不裝神弄鬼；在自己的專業領域內優秀而且迷人，在其他方面可愛得像個小朋友；理智成熟，但童心未泯。

如果他的心裡真的住著一個俗人，他敢把他放出來，讓自己和周圍的人都能看見。

那麼你呢？

年紀輕輕就覺得「眾人皆醉，唯我獨醒」，對世界的看法比那些人生已經失敗了的老年人還要滄桑，比那些未經世事的小孩子還要幼稚，就好像自己降落到了錯誤的星球。

你在一片熱鬧的環境中裝得極其冷靜和高傲，然後在一片靜寂中想方設法地要做一些出格的事情來顯示自己的與眾不同。

你不屑於金錢和名利，把賺錢當作骯髒的事情，反倒認為窮值得驕傲，結果是你在物質世界裡活得極其窘迫。

你不屑於交際和攀談，認為人情世故都是假的，認為跟人交流就是表演，結果你在能說會道的人面前輸得體無完膚。

於是，你在白天時正襟危坐，在晚上感嘆「人間不值得」。

可問題是，你從未被朋友背叛，卻認定了友情是「虛偽不實在的東西」；你從未感受過社交的樂趣，就斷定了社交「不過是一群人假兮兮、鬧哄哄」；你從未吃過辛苦賺錢的苦頭，卻對金錢滿是鄙夷；你從未全情投入地愛過，就認定了愛情不過是一場表演。

小說《殺破狼》中有一段非常精彩的話：「沒經手照料過重病垂死之人，還以為自己身上蹭破的油皮是重傷；沒灌一口黃沙礫礫，總覺得金戈鐵馬只是個威風凜凜的影子；沒有吃糠嚥菜過，『民生多艱』不也是無病呻吟嗎？」

我不是勸你庸俗，而是勸你不要因為抗拒庸俗而背上偽裝的沉重代價。因為高雅有高雅的成本，庸俗有庸俗的收益。

我只是替你擔心，怕你抗拒庸俗的行為實際上是在逃避真實的生活，怕你因為偽裝的時間太長而變成了一個不快樂的自己，或者一個高度仿真的別人。

生而為人，要麼就努力到能力出眾，要麼就懶得樂天知命。最怕你是見識打開了，可努力又跟不上；骨子裡清高至極，性格上又軟弱無比。

結果是，比真本事的時候頂不上去，該斷捨離的時候又放不下，應該使巧勁的時候偏要一根筋，本該用笨功夫的時候卻在遊戲人間。

哦，對了。

真正無憂無慮的人只有兩種：一種是得了失心瘋的，一種是大徹大悟的。從這個角度來說，真是辛苦了沒有傻透、也沒活明白的俗人。

突然想起了木子小姐，以及她那句可愛的自嘲：「在『好看的窮人』和『長得醜的有錢人』這兩個投胎選項中，我成功地選擇了『長得醜的窮人』這個選項。」

剛去上海念書的時候，木子小姐就像是一隻不會狩獵的食草動物被送到了荒野裡。她的普通話非常不標準，外在形象也近乎糟糕。

那時的她非常「小氣」，寢室聚餐，她一次都沒參加過，除了怕浪費錢，還因為表達能力、穿著打扮上的差距太過明顯；而且她非常清高，容不得一點點的瞧不起，也吃不了一點虧。

如果有人半個小時才回她的訊息，就算她是第一時間看到了，也會等半個小時才回覆。

她每天都是爭分奪秒地學習、風風火火地做兼職，看起來比校長還忙。

每年都拿全額獎學金，每天都在忙著賺錢，她的腦子裡始終都有一根繃得緊緊的弦。這根弦讓她不敢休息，不敢戀愛，不敢跟人套交情。

這根弦始終在提醒著她：那個父母是達官顯貴的，將來會去做公務員；那個家境富裕的，畢業了就能直接去知名證券公司工作；就連那個沒能考上大學的，也早早地在老家買了兩棟房子……而自己只是一個邊陲小鎮上的、又醜又窮的小女生。

她人生的轉捩點發生在大二那年的暑假，因為要留在上海做兼職，就和一個陌生女孩合租了一間房子。結果發現，那女孩比自己還要孤僻，她從不接受木子小姐分享的任何食物，也不接受任何的逛街、看電影、吃飯的邀約，每天回來就把自己鎖在房間裡。

某天夜裡，她被女孩連續的咳嗽聲吵醒了，就拿出止咳糖漿去敲門，結果那個女生眉頭緊鎖地回覆了一句「不用了」，就把房門關上了。

「那一刻的感覺很奇妙，」木子小姐回憶說，「曾經覺得這種拒絕非常正常，但在這一刻意識到有多麼不對勁，就像是一隻躍出了魚缸的魚，突然看見自己被關在裡面。」

她想到了自己拒絕室友時偏執彆扭的表情，想起了自己排斥聚會所用的不當措辭，想到了自己把那個說話聲音最大的室友歸類為「故意針對自己」的小人心理……

她突然意識到，自己一直奉行的原則，其實只是在惡意地猜測別人；自己一直引以為傲的獨立，其實只是拒絕改變、拒絕感動。

所以，本來想和生活相敬如賓，結果變成了相敬如「冰」。

後來的木子小姐變了。

她依舊很貪，依然忙著賺錢，忙著變厲害，但她收起了冷若冰霜的性格和咄咄逼人的氣勢，表現得越發從容，俗得不剩一點仙氣。

再回想起大學時的焦躁和窘迫，她笑著說：「那時的我以為『酷』就是『不怕得罪人』，以為『做自己』就是『什麼虧都不能吃』。現在完全不會了，就算對方講了我反對的觀點，我也會做出極力認同的表情來；就算客人講了再爛的笑話，我都能笑出眼淚來；就算老闆安排了無比麻煩的事情給我，我也能忍住脾氣做完……我可以不為五斗米折腰，但我絕對不可以不為房貸、車貸以及購物清單折腰。」

成熟的表現之一就是收起了橫衝直撞的情懷，讓自己的底線和原則富有彈性，並與生活的條條框框和平共處。

當然了，我不是勸你圓滑世故，而是想提醒你，活在人群裡，即使處處受限，時時不自由，也確實有它的迫不得已之處。

比如「合群」。你不用刻意追求合群，但也不必刻意遠離人群。尤其是當你不知道怎麼走的時候，最好的選擇可能就是先跟著大多數人一起走。

比如「金錢」。金錢有它骯髒的一面，但金錢也確實有不言而喻的重要性。就像毛姆在《人性的枷鎖》中所說：「藝術家要求的並不是財富本身，而是足以給他提供保障的錢財，那樣他就可以維持個人尊嚴，工作不受阻礙，做個慷慨、直率、獨立自主的人。」

我知道，你仙氣十足，但我還是希望你能嘗一嘗人間煙火。畢竟啊，仙氣不能解饞，也不管飽。

社會規則不是洪水猛獸，人際交往也不是天災人禍，它們不是為了來折磨和懲罰你的，它能教會你克制、清醒、溫柔、善良和愛。

所以，不要把自己歸類為纖塵不染的寶玉，也不要縱容自己變成扶不上牆的爛泥，而是假設自己是一顆有靈魂的種子。

也不要讓自己變成一頭疏遠人群的野獸，然後用偏激和憤怒來飼育自己的懦弱，而是原諒自己本就是俗人一個。

功利世界的殘酷性就體現在這裡：給了一些人與實力不相配的驕傲，他們認為團隊精神是弱智，認為窮困潦倒是品行高潔，認為別人的幫助是侮辱，認為特立獨行是原則。

但是，人總得成長，當你被人溫柔地對待後，被深深地傷害後；見識了人生的諸多幸事，親歷了萬般無奈，你的偏執和鋒利就應該收斂一些，並且試著消化和接受。

你就該明白：自己不是來拯救地球的，而是來適應世界的。

長得不好看的水果，請努力讓自己變得甜一點吧！

聽過這樣一個故事。

一名中國學者去德國留學，租的房的下水道堵了，他就請了一個德國工人。工人鑽入下水道疏通的過程中，學者就在一旁看書。

突然，下水道裡的工人問他：「先生，不好意思打攪一下，我有個問題想請教您。我們德國有一半的哲學家認為孔子最偉大，另一半則認為莊子最偉大。您能告訴我，他們倆的區別嗎？」

學者一下子懵了，他說：「這不是我的專業……呃，你是一個下水道疏通工人，怎麼會問這麼高深的哲學問題？」

工人笑著說：「當我在黑暗而又骯髒的下水道裡工作時，我會回味黑格爾的哲學，這時候，連汙水都會變得美好起來。」

工作可能會低入塵埃，但靈魂可以漫步雲端。人俗氣的地方不在出身，不在職業，而在心態和觀念。

如果你的工作很沉悶、瑣碎、無聊、辛苦，但能為你帶來較高的收入，那就應該珍惜，因為它能撐起你的生活，讓你有機會去做那些你想做的事情。

試想一下，如果每個人都選擇了有趣的、體面的工作，那麼世上就不會出現建築工人、清潔工人，也不會出現牙醫、會計和火葬場的工作人員。

但是，在沉悶的工作之餘，每個人都可以去做那些自己喜歡的事。比如，建築工人可以在空閒時捏他的泥人，牙醫可以成為出色的詩人，而下水道疏通工人可以成為優秀的哲學家。

經常聽到有人說：「所謂生活，就是和喜歡的一切在一起。」我想說的是，這絕對不是生活，更像是理想。

現實的生活是，在力所能及的範圍之內去追求喜歡的一切，同時還需要耐心忍受討厭的種種。

比如，你無力拯救瀕臨滅絕的生物，但你可以拒絕購買珍貴動物製品；你無法幫助每一個失學兒童走進教室，但你可以努力讓自己天天向上；你無法判斷乞討者是不是騙子，無力甄別摔倒的老人會不會訛你，但你可以選擇找人幫忙或者用錄影證明。

你無法決定誰能留在身邊，但如果遇到了聊得來的夥伴，你能真心實意地和他同行；如果慢慢發現是合不來的人，你也能坦蕩地說一句「慢走不送」。

畢竟，你的能力有限，真心也有限；畢竟，你只是一個俗人，不用為難自己。

令人厭惡的俗，是根本不知道自己想要什麼。既欣賞不了生活的美，也忍受不了世界的醜。一邊羨慕熱鬧，一邊蔑視社交；一邊羨慕自由，一邊蔑視規則。

是見風使舵，是見利忘義。面對強勢時退一步，變得阿諛奉承；面對弱勢時進一步，變得刁鑽刻薄。

是從來不去面對真正的自己。渴望世俗成功，但又擔心自己做不到，所以說「算了」；想說服自己接受平凡，但實在不甘心做替別人鼓掌的人，所以說「沒什麼了不起」。

叫人喜歡的俗，是心裡心外都沒有惡意，是生活中熱熱鬧鬧，良心上清清白白。

是雖也遊戲人間，但不沉迷；雖也雄心萬丈，但不投機；雖也欲望纏身，但不放縱。

希望你在最終變成一個正襟危坐的不可愛的大人之前，多擁有一些讓自己開心得一塌糊塗的庸俗回憶。也希望你在變成一個逆來順受的群眾演員時，還能坦然地與這個世界格格不入。

| Part 2 |

是的，相愛就是兩個人互相治療精神病

相愛容易，因為五官；
相處太難，因為三觀（世界觀、人生觀、價值觀）。

一開始，
兩個人都覺得對方可愛到冒泡，愛就此入了骨；
但相處下來，兩個人又覺得對方固執得要死，所以恨也入了髓。結果是，
今天愛得死去活來，明天恨得雞飛狗跳。
不可否認，愛會製造很多麻煩，但與此同時，
愛也會解決很多麻煩。

06 相愛就是兩個人互相治療精神病

凌晨三點半，我被手機震動的聲音吵醒了。迷迷糊糊的我像是一條夢遊中不幸被鉤住的魚。

我極不情願地把自己從溫暖的被窩裡搬了出去，就像上鉤的魚被拉出水面。

此時，電話裡有人在咆哮：「老楊啊，哈哈，我明天要結婚了，激動得睡不著，給你打個電話，告訴你我睡不著！」

我咬牙切齒地吼了回去：「你的良心不會痛嗎？」

這個三更半夜擾人清夢的傢伙叫李木頭，是從小和我一起穿開襠褲長大的玩伴。我特別理解他當晚的激動和不正常，因為在愛情的小河裡，他一直都是隻旱鴨子。

直到去年的梅雨時節，李木頭才遇見了娟子。

和大多數初戀一樣，在愛情的戰場上，他們經常是「烽火連三月」。

有一次，他們倆下樓散步，在電梯裡看到一個男生牽著兩隻很肥的巴哥犬。這兩隻狗見到陌生人了，大概是想叫，但又不敢太大聲，所以發出了很奇怪的「咕嚕咕嚕」的聲音。出了電梯，娟子非常認真地問李木頭：「剛才那個人牽的是兩隻豬嗎？」

李木頭笑得直不起腰來，結果娟子氣得轉身就回家了。這一路上，她收到了上百則道歉簡訊，同時拒接了五十多個電話。

直到下半夜了，李木頭還在給她發道歉訊息，每一則都加了一個符號——向左旋轉九十度的大寫「M」。

不知道是好奇，還是氣消了一些，娟子就問他是什麼意思，結果他說：「這個符號在數學裡的意思是『求和』。」

當然了，李木頭也有被氣得受不了的時候。

比如娟子送給李木頭兩條不同花色的領帶，第二天見面時，李木頭就高高興興地繫上了一條。結果娟子質問他：「你為什麼繫這條？你什麼意思啊？你是不是不喜歡另一條？」

又比如兩個人一起吃飯，娟子邊吃邊捧著 iPad 看宮鬥劇。李木頭問她：「今天的排骨燜得不錯，燜了多久？」結果過了十幾秒鐘，娟子才緩過神來：「啊？不是八王子弄死的，就是三王子！」

在訂婚儀式現場，娟子一臉壞笑地對李木頭說：「我很清楚，我不漂亮，不高雅，長得顆粒無收，笑得五穀豐登，我小肚雞腸，而且脾氣暴躁。但是你也要搞清楚，老天把你安排到了我的身邊，那麼一定是你做了什麼缺德的事情。」

眾人哄笑，麥克風遞到了李木頭的嘴邊，他忍住笑，一臉坦然地說：「嗯，既然在劫難逃，那就索性不逃了。」

我曾問過李木頭：「既然你覺得她的脾氣那麼臭，為什麼還要那麼寵她？」

他說：「因為刺蝟比兔子更渴望擁抱。」

我也曾問過娟子：「既然你認為他邋遢、嘴賤、多話，為什麼還會那麼依賴他？」

她說：「因為當我倔強得像頭驢的時候，只有他願意把我當作一隻獨角獸。」

一開始，兩個人都覺得對方可愛到冒泡，愛就此入了骨；但相處下來，兩個人又覺得對方固執得要死，所以恨也入了髓。結果是，今天愛得死去活來，明天恨得雞飛狗跳。

你受不了他的不成熟，但你會因為喜歡他的天真而堅持愛下去；他受不了你的無趣，但會被你認真做一件事情的樣子迷住。

你對他的不浪漫感到失望，但對他的責任心十二分滿意；他對你的暴躁脾氣非常不滿，但又對你的傻呼呼滿心喜歡……

原來，愛情這道選擇題是沒有正確答案的。誰都無法幸運地選中百分之百的戀人，而是越來越清楚，自己願意吃哪一種苦頭。

有人會被教養打動，比如那個人會讓你走在馬路的內側，會對你舉止溫柔，會幫你開門、挪椅子，會製造浪漫……還有人會被條件打動，比如他的家庭環境優渥，他的職業有前途，他的相貌和身材很好……

但最叫人羨慕的，是被理解打動。他知道你說「嗯」其實是不那麼認同，知道你說「哦」其實是不高興了；他知道別人對你的褒獎中有多少讚揚是「超標」了，也知道別人對你的詆毀裡有多少是「灌水」了。

他知道，在你正常的靈魂裡躲著一個病人，在你睿智的腦子裡存在著一個白痴，在你堅強的性格裡藏著一根脆弱的神經，在你日漸成熟的皮囊裡始終住著一個小孩子。

所以，他比任何人都要包容和在乎你，也比任何人都清楚你的獨特與珍貴。所以，他不會在你感性的時候講大道理，不會在你氣得冒煙的時候跟你針尖對麥芒。

理想的戀愛關係是「你有故事，我有酒」，但更接近現實的關係是「你有垃圾，我的桶可以借你用一下」。

王爾德曾說過，生活就是一件蠢事接著另一件蠢事，而愛情就是兩個蠢東西追來追去。

願你也能遇到這樣的「蠢東西」，因此而覺得：情書紙短情長，人生苦短甜長。

你見過花錢各自付帳，而且借錢要算利息的情侶嗎？你見過平時幾乎不聊微信，取消約會需要寫「請假條」的情侶嗎？

我見過一對。男生和女生都是做軟體發展的，每次約會，兩個人都要提前發郵件預約並確定，因故單方面取消約會，要盡快補上。

他們也會出現爭吵，但每次吵完之後都會仔細地寫進文件檔案裡，標注好時間、地點、緣由，以及最後互相致歉的親筆簽名。

他們甚至開發了一套軟體，專門用於收集相處過程中發生的小事和一些容易被人忽略的細節。

比如，女生的記錄有：「三月五日，第一次見我的媽媽，向來是牛仔褲加襯衫的你居然破天荒地穿了一身筆挺的西裝，讓我覺得你很重視這次見面」；「五月八日，我們偶遇了一個小孩子，你扮鬼臉逗她笑的時候，我也笑了」……

而男生的記錄有：「九月二十四日，我感冒發燒了，結果你半夜給我送藥，被我吼了兩句，你噘著嘴說：『我偏要送，我有病好吧』」；「十一月十日，一起吃飯，點了蒸魚和大蝦，你盯著魚看了好半天，突然問我這條魚是公的還是母的」……

那些近乎冷酷的規則就像是交往過程中的執法者，會讓他們的感情和生活涇渭分明。而那些好玩的小事就像感情裡的綠燈，會讓人瞬間對這段關係充滿信心。

那麼你呢？

一遇到愛情就像剛剛出門的貓咪，見到愛情這隻老鼠就恨不得吞進肚子裡珍藏一輩子，弄丟了就哭得撕心裂肺，藏好了又患得患失。

然後不自覺地變得無理取鬧、自私，而這時，孤獨、想念、占有欲會把你變成一個容易失控的神經病。

你在生氣的時候說決絕的狠話，然後劈頭蓋臉地指責他，以期要一個滿意的答案。

可問題是，不可一世的樣子和咄咄逼人的氣勢並不能讓對方多愛你一點。

畢竟啊，生活不是偶像劇，擺出一副很臭屁的樣子，任誰都可愛不起來！

不要整天說「你愛我，就得為我這樣或者那樣」。

事實上，和你談戀愛的是一個跟你沒有任何血緣關係的人，他和你一樣，是一個家庭的寶貝，是某姓家族的希望，他不是你的再生父母，更不是你的傭人。

他既有讓你心動的優點，也有讓你抓狂的缺點，他既願意為你改變，也有他自己的堅守。

你要做的是尊重，而不是約束，是用心地記著對方的可愛之處，以此來原諒對方的不可愛。

給女生的三個忠告是：

（一）選一種有分寸感的交往方式。他喜歡你，你要做的是尊重他，給他空間，而不是藉著有人喜歡，就越界操控他。

（二）選一個精神上和你門當戶對的戀人。不要跟你俯視的人談戀愛，一旦發生了摩擦，你就會擺出理直氣壯的樣子，因為你會覺得，「他有什麼資格對我挑三揀四」。也不要跟你仰視的人談戀愛，一旦有了不如意，你就會輕易地把自己擺在受害者的位置，因為你認定了，「就是因為你瞧不起我，所以才會這樣對我」。

（三）不要整天追著對方問「你是不是真的愛我」這種問題了，當你把注意力、時間、金錢更多地用在讓自己變好上，「你是不是真的愛我」這種問題就輪到對方來操心了。

給男生的三個忠告是：

（一）女生問的問題，百分之七十五都已經有答案了，只不過想聽到從你嘴裡說出來。所以，想好了再說。

（二）只要她還願意跟你對話，無論她說的話有多狠，都是在等你去哄她。

（三）如果你下定決心要和一個女生在一起，就把身邊那些不清不楚的人和事都處理乾淨，別讓女生吃醋，也別想瞞著她，因為她不懂聰明，而且懶得跟人爭，還懶得告訴你。

看過一個很好玩的小故事，名字叫《一個模範丈夫的自述》：

「昨天和她下象棋，五招之後，我便勝局在望。結果她把臉拉長了，硬說馬可以走『田』，因為是千里馬，我忍了；又說兵可以倒退走，因為是特種兵，我也忍了；更過分的是她的車居然可以拐彎，還振振有詞地說『哪有車不能拐彎的』……這些我全部忍了，繼續艱難地鎖定勝局……但最後，她竟然用我的士，幹掉了我的將，說這是潛伏了多年的間諜。她最終是贏了……於是，她愉快地去拖地、洗衣服、做飯。」

其實，愛情裡沒有輸贏，只有「共贏」，或者「共輸」。

年輕的時候，氾濫的情緒經常會挑撥戀人之間的關係，讓你變得好鬥、善戰，讓你錯誤地以為，只有逼著對方服軟了才能證明他是真心的，只有寸土不讓才能證明自己是有尊嚴的。

然後，你們在狠話之後日漸沉默，在冷戰之後越發疏遠。最終只能擺出一副「和愛情同歸於盡」的樣子，看著這份感情慢慢走到「收不了場」的地步。

威廉．詹姆斯曾說過：「兩個人在茫茫人海中相遇，其實是有六個人在場。即各自眼中的自己，各自眼中的對方，以及各自真實的自我」。

這也註定了相愛容易，相處很難。

所以，很多情侶關係的走勢是這樣的：一開始的時候如膠似漆，恨不得分分秒秒都黏在一起；慢慢地，覺得對方身上的光環逐漸暗淡了；再慢慢地，生活中越來越頻繁地出現「你要這麼想，我也沒辦法」和「都是因為你，我才這麼做」這樣的抱怨，以及「你想多了」和「我沒有說過」這樣的辯論。

隨之而來的是不斷升級的「戰爭」：女生因為男生的某些言行而生氣；男生解釋了幾句，但心裡不服氣，覺得這種小事沒必要大驚小怪；女生不斷地強調，惹她生氣的不是事情本身，而是男生的態度；男生開始不耐煩，覺得女生是在小題大做，是在無事生非；女生認為男生變了，變得不愛自己了；最後誰也沒有說服誰，只是等著對方服軟。

吵架誰不會呢？發脾氣誰不會呢？難得的是在吵架的最高潮，有人勇敢地結束了這場戰役，阻止了傷害的擴大。那句能讓你瞬間崩潰的話到了嗓子眼的時候被他嚥下去了，局面被他控制住了。

幾乎所有健康而又長久的伴侶都是這樣來經營愛情的：

「我願意給你傷害我的權利，但我堅信你不會這麼做，即便你做了，我也相信不會再有第二次。

「我知道你身上有哪些臭毛病，也知道自己沒好到哪裡去，所以我願意改一些，你也會改一些。

「我們逐漸意識到：原則和底線不再是那麼死板，妥協和退讓也不意味著軟弱。我們或多或少地失去了一部分自我，但都甘願認為是愛的代價。」

願你在這個必須拚得你死我活的世界裡擁有一份不怕變質的愛情，也願你有幸在某人平淡無奇的生命裡做一個閃閃發光的「神經病」。

07 謝謝你，那麼忙，還親自來傷害我

我和盧小姐並不熟，要不是她在我面前哭得像個傻子，我才不會多嘴去問她發生了什麼。

她支支吾吾好半天才說出五個字：「我被人耍了。」

「耍」她的人是她媽媽的閨密的兒子，他們倆很早就認識，但很少聯繫。

前陣子，男生對她的關心突然就多了起來，每天都會準時地對她說「早安」和「晚安」，聊天時類似「笨蛋」「傻瓜」之類的曖昧稱謂也越來越多，類似於「有我在啊」「二十四小時為你待在線上」的承諾也越來越暖心。

就在昨天，男生約她看電影，到了電影院，男生笑臉迎了過來，主動幫忙拎包、買熱飲和零食，在上樓梯的時候還攙了她的胳膊，在電影開場之前幫她擦拭了3D眼鏡，在送她回家的時候還幫她開了車門。

對於一個單身了二十多年、凡事都親力親為的女漢子來說，突然被一個紳士且帥氣的男生溫柔相待了三個半小時，這感覺超級好。

然而，就在今天早上，盧小姐的媽媽質問她：「你怎麼能騙人呢？你不是說昨晚和他一起看電影的嗎？為什麼他媽媽告訴我，他是自己去看電影的？」

一頭霧水的盧小姐把眼睛瞪得圓圓的，她翻看了兩位媽媽的聊天記錄，裡面有一張截圖是男生的社群動態，上面赫然寫著：「一個人看電影，生活真是無聊！」配圖則是昨天一起看的那場電影的票根。

盧小姐問男生：「你為什麼要蓋掉我，然後發那則社群動態？」

他過了好半天才回覆，依然是很紳士的語調：「哦，我很抱歉，我不知道你能看到那則動態。我覺得我們不太合適，但又擔心兩個媽媽會難堪，也怕你難堪。」

盧小姐聽完更生氣了，她回覆道：「首先，如果不是你每天準時跟我說早安晚安，不是你頻繁地約我吃飯看電影，我不會誤解你的意思！其次，你能拿出那麼多寶貴的時間浪費在一個你認為不合適的人身上，真是難為你了！」說完就把男生封鎖了。

任何一段關係，比起半推半就的曖昧，快刀斬亂麻的決絕明顯要仁慈得多；比起欲拒還休的假熱情，乾脆俐落拒絕顯然要高尚得多！

你遇到過主動找你曖昧的人嗎？

白天的時候互不搭理，誰都不知道你們的關係，可一到晚上他就對你掏心掏肺，有聊不完的話題，有數不盡的共鳴。

你抗拒不了，也琢磨不透，你不知道他的用意是什麼，但你很享受。

他就像定時投送的快樂，在每個夜深人靜的夜晚妝點你那乏味的生活。

他說「一起吃飯吧」「一起看電影吧」「一起玩遊戲吧」的時候，你開心得想到了和他的婚禮現場。

他說「你今天的外套真好看」「你傻呼呼的樣子真可愛」「你耍笨的時候真討人喜歡」的時候，你心裡的小鹿都撞出腦震盪了。

他明明可以直接告訴你「不喜歡」，他明明早就有了「沒什麼感覺」「不合適」的定論，卻偏要裝出一副「和你在一起好開心」的樣子來，給你一種「很喜歡」的錯覺。

可當你卸下防備，鼓足勇氣準備和他談一場轟轟烈烈的戀愛時，卻發現他一臉的無辜，就好像是你冤枉了他一樣：「啊？我一直當你是最好的朋友啊！」

然後，你懷疑是不是自己哪裡不夠好，是不是什麼地方誤會了。可當你再次打開社交軟體，到處都有他的曖昧留言和按讚；翻開聊天記錄，句句都是他的關心和呵護。

再然後，這段曖昧戛然而止，你事實上並沒有談戀愛，但感覺上和失戀了一樣糟糕，就像是把一件套頭毛衣前後穿反了，就像是吃蘋果的時候咬到了蟲子，渾身上下哪兒哪兒都不自在。

在這個曖昧比戀愛還要氾濫的年代，要麼就正大光明地談一場戀愛，要麼就奢侈地保持單身。

如果不喜歡，索性就別搭理，對方可能還覺得你挺酷的。怕就怕，你一邊勾搭，一邊敷衍，你覺得自己很紳士，可對方只會覺得想死。

結果是，不但你不酷，對方也沒尊嚴！

來，把那些撩人心弦卻用意不明的話統統翻譯成「他只是想用我來消磨時間」，把那些突然靠近卻忽冷忽熱的人統統歸類為「他只是閒得慌」。

有個男生問我：「我非常努力地追求一個女生，費盡心思地對她好，鞍前馬後，隨叫隨到，但她最終非常堅決地拒絕了我。但是，當我決定和她保持距離的時候，她居然表現得很難過，就好像被拒絕的人是她一樣。她到底想要怎樣？」

我反問他：「你想聽真話，還是聽假話？」

他說：「先聽假話吧！」

我說：「假話就是，她在考驗你，所以營造出一種『喜歡我很麻煩』的假象，以此來檢驗你的真心和誠意到底有多少。」

「那真話呢？」他又問。

「真話就是，在她看來，她有權利拒絕你，但是你無權不理她。就好比說，她在演一個童話故事，做為女主角，你被她設定為一個痴情的男配角。像你這樣的男配角越多，對她越痴情、越瘋狂，她就越覺得自己有魅力。當然了，她早就設定好了結局，她會和她的白馬王子在一起，而像你這樣的男配角們只會被無情地丟棄。」

他接著問：「那我該怎麼做？」

我說：「個人建議是酷一點。首先，你要讓她意識到，你並沒有被她吃定，你是一個隨時有能力離開她的人；其次，你要告訴她，你對她好的目的是想讓她喜歡你，而不僅僅是感謝你；第三，放手要趁早，吃虧要知道飽。」

其實我想說的是，那些在感情中只求付出、不求回報的人，往往都能如願以償——得不到任何回報！

當然了，我並不反對你甘願當砲灰這種瀟灑且高尚的決定。但我希望你做這個決定的理由是，你意識到了生活不那麼好過，所以一心想要找一個喜歡的人來給自己壯膽，哪怕對方的未來沒有自己，你依然坦然地認為，「我喜歡你就好，你不用理我」。

怕就怕，你沒有你想像的那麼高尚和瀟灑，以致付出之後還是會情不自禁地索取回報、想要發展關係。

有些人的愛，就像是在乞討。這實際上也不算什麼大問題，就像討錢的人一樣，是因為能力不足而不得已選擇這樣的謀生手段。可有些「乞丐」討厭就討厭在，目的不是活命，而是想著致富。

所以，那些騙取同情的假乞丐非常惹人討厭，那些有失分寸的關心也常常招來反感。

有些人的愛，就像賭博。押上大把的時間和精力就為了逗他一笑，或者讓他回頭看自己一眼。

你賭注下得越大，你就越捨不得收手。

所以，有的人贏得盆滿缽滿，有的人輸得體無完膚。

事實上，一個對你沒有感覺卻安心享受你的付出的人，你是永遠滿足不了的。並且你沒有資格提任何要求，否則你很快就能看到他的不滿和不屑。

在他需要你的時候，你就應該當牛做馬，而當你需要他的時候，你就會被視為「得寸進尺」。

就像是，他去你開的餐廳吃飯，卻從不掏錢買單，還跟你抱怨說：「居然叫客人付錢，這麼小氣還開什麼店？」

我想說的是，在愛情這件事情上，如果你絲毫沒有自尊，那結果往往是：不僅他不愛你，你也瞧不起自己。

不要擔心被人扣上「自私」的帽子，被說什麼「在愛情上如果考慮起自尊心來，那實際上你還是最愛自己」。

亦舒早就說了：「什麼頭暈顛倒，山盟海誓，得不到鼓勵，都是會消失的，誰會免費愛誰一輩子。」

你可以愛大海，但你不能跳海。

顧小姐家和我家的直線距離不到八十公尺。她從小乖巧，但長相普通，是那種栽進人堆裡就很難被找到的類型，也是那種導演和編劇都不喜歡用的人物原型。

前二十年，她幾乎沒有跟誰紅過臉，脾氣好得就像是窗台上的盆栽植物，但談了半年的戀愛，她就變了，暴躁得像是脫水時的洗衣機。

這一切都是因為她的男朋友。不管是遲到了，吃醋了，還是誤會了，但凡是出現了矛盾，男朋友的第一反應就是沉默。既不解釋，也不聽解釋，不管顧小姐的情緒失控到哪種程度，他都能成功地把人晾在一邊。

可男朋友越沉默，顧小姐就越生氣。這種無望的感覺就像是自己被丟進了茫茫荒野，舉目四望卻看不到一個同類，仰天長嘯卻收不到一點回應，就像是被塞進了厚鐵箱裡，並被沉入漆黑的深海。

她一開始是大哭大鬧，慢慢發展成了摔東西、罵髒話，最後演變成了絕食和自殘，最嚴重的一次差點從十七樓跳下去。

不得已，兩個人分開了。

再次見到顧小姐已經是春節了，當時她正在給社區裡的小朋友發糖果，我湊過去問：「最近怎麼樣？回家胖了沒有？」

她笑呵呵地說：「回家胖了一公斤，過節胖了一點五公斤，加一起胖了二點五公斤。」

看得出來，她已經從那段虐心的感情裡走出來了，再談及那段失控的人生，她輕鬆得就像是在講一個笑話。

她說：「當年的我是個痴情的種子，結果一場大雨就把我給淹死了。我不會抽空去原諒他，也不會再浪費時間去恨他，更不會假裝大方去感謝他。雖然他幫助我成長了，但他的方式配不上我的『謝謝』。」

每一個被冷暴力對待過的人，大概都有相似的感受，就是輕易就能從生氣發展到憤怒，再變得歇斯底里。

因為你迫切需要解釋，需要安慰，需要一個情緒的出口，但對方不僅用「裝死」的方式堵死了出口，還用「對你無視」的方式加了幾把鎖。

累積的不良情緒還會極大化地摧殘你，因為情緒一旦崩潰，即使你長得傾國傾城，你的形象和氣質也會被它拖垮；即使你滿腹經綸，你的教養和道德也很難發揮作用。

結果是，你要麼是楚楚可憐，要麼是面目可憎，反正怎麼樣都不會可愛。

顧城說，一個人弄錯了愛，就像投錯了胎。

他給你的感覺是，你正在打擾他！

你對他說「晚安」，不是你睏了，而是你覺得他該早點睡。他對你說「我要睡覺了」，卻是告訴你，他要上床玩手機了，你可以退下了。

你對他說「早安」，不是你起來了，而是你想他了。他對你說「我要起床了」，卻是提醒你，他要去馬桶上玩手機了，你可以退下了。

冷暴力的危害有多大呢？

簡單來說就是讓人絕望。它就像洗腦一樣，會一點點地腐蝕你的驕傲、自尊心和安全感，會一點點地吞噬你的熱情、信任和存在感，然後在你的心裡植入「我毫無價值、毫無魅力、糟糕透頂」的印象，最終把你拖進情緒失控的深淵。

這段死氣沉沉的戀愛關係更像是在執行一場漫長的凌遲酷刑。來，把心情收拾一下，然後趁早把那個讓人糟心的傢伙丟到二手交易平台上去吧！哦，對了。

不要因為被人拒絕了，受到傷害或者欺騙了，你就哭喪著個臉說「人間不值得」。

我猜你可能理解錯了這句話的含義。它其實是說，人世間本來就是這樣，有不期而遇的，也有不告而別的；有求而不得的，也有靦著臉送上門的……它不值得你頹廢、沮喪、失望。你要想方設法地保持樂觀，並且不遺餘力地熱愛生活，你要努力讓自己美好得像是一份精心準備的禮物，而不是糟糕得像是一個在人間亂竄的災難！

08 沒有癩蛤蟆，天鵝也寂寞

惠子和鄧健是在朋友的聚會上認識的，據他倆後來交代，第一印象完全不同。

鄧健當時是心花怒放：「天啊，對面這個女生太好看了！」

而惠子則滿是嫌棄：「對面那個『智障』為什麼一直盯著我？」

那時的惠子很高傲，同齡的女生都在憧憬「在最好的年紀遇到最好的人」，可在惠子這裡，她最好的年紀看誰都覺得不如何的。

她認為自己能夠識破所有男生的撩閒伎倆，能夠擋住所有奇特的告白形式，能夠忍受孤獨寂寞冷，她覺得誰都撩不動自己。

結果卻是，單身了二十年的惠子被鄧健的一句「我在十七歲那年夢見過你」撩到了。

惠子無趣，而且高冷，鄧健搞笑，而且熱衷於「承認自己窩囊不行」！

剛在一起的時候，兩個人也鬧彆扭。惠子生氣時會說：「我們分手吧，我爸媽不同意我們在一起。」

鄧健急得直拍大腿：「就你有爸有媽了？我爸媽不同意我們分手！」

如果惠子沒理他，鄧健就主動找話聊：「那我們一起吃個分手飯吧？」「那我們一起散個分手步吧？」「那一起去看個分手電影吧？」直到把惠子哄好為止。

惠子偏愛冷戰，但鄧健喜歡講道理，惠子就對鄧健說：「我生氣的時候，你能不能別跟我講道理，我那個時候是個聾子！」

鄧健則提醒道：「我跟你講道理的時候，你能不能別跟我生氣，我那個時候是個傻子！」

輕鬆就能把惠子逗樂。

有一次，兩個人一起逛街，惠子看到了一個新型的拖把，就對鄧健說：「我覺得這個拖把挺好的，咱們也買一個。」鄧健故意提高了音量，無比傲嬌地回應道：「你覺得挺好有意義嗎？我使用的工具輪得到你來操心嗎？」

還有一次，一位朋友從鄉下帶來了幾隻活雞，可鄧健不知道怎麼殺，一陣比畫和咬牙切齒之後，他放棄了使用暴力，然後一臉認真地對惠子說：「要不，咱們餓死牠吧！」

婚後的第十個月，惠子懷孕了，孕吐非常嚴重，胃酸都快要吐光了。鄧健既心疼又著急地說：「走走走，不生了，咱們把這混蛋孩子打掉吧，咱們不吃這個苦了。」

剛生完第一胎，家裡人就勸鄧健要二胎，結果他竟然當著全家人的面說：「生不出來了，我陽痿。」在一旁吃飯的惠子笑得快要岔氣了！

他嘴裡振振有詞是因為他讀懂了對方的心思，他在爭論面前無原則地承認窩囊不行是因為對方在他心中無比重要，他此時此刻的「英雄氣概」則是源自明目張膽的偏袒。

何為「愛情」？就是「喜你為疾，藥石無醫」，就是「既許一人以偏愛，願盡餘生之慷慨」！

那麼你呢？是不是覺得戀愛很麻煩，結婚很可怕，生孩子簡直是自尋死路？

年輕的時候，遇到稍微有點喜歡的人，你心裡的那隻小鹿就一頓亂撞，撞傻了也樂意。

後來，無論看到多麼喜歡的人，心裡的那隻小鹿卻皺著眉頭、叼著香菸，然後不屑地問：「怎麼回事？就這種貨色？我就這種眼光？」然後撇撇嘴說：「算了算了。」

然後，你在心裡起誓：「我要做一個超酷的人，以愛情為恥，以孤獨為榮。」

你無法想像自己要跟一個陌生人在一間房子裡生活四五十年，更無法想像自己要為別人擔驚受怕半輩子，你想要私人的空間，想要無人打擾的自由，你懷疑自己「每天都看同樣一個人」的耐心，也懷疑自己「免費為孩子的人生保駕護航」的責任心。

所以，你不想結婚了，不想有個天天吵架的伴侶，也不想要一個雞飛狗跳的家庭。

你恨不得能一直安靜而孤獨地玩手機，在網路世界裡互相告知「今天吃了什麼」「去了哪裡」「有什麼高興的事情」。

你覺得按部就班的日子一點都不酷，你覺得一眼能望得到頭的人生毫無樂趣可言，你覺得生活有萬千種活法，而乖乖地戀愛、結婚、生子是最不酷的那種。

是的，我承認，單身很酷，不理人很酷，不結婚、不生孩子、不被傳統觀念綁架很酷，一個人瀟瀟灑灑很酷……

但我想強調的是，戀愛和結婚同樣很酷。你會和一個確定的人一起去經歷未知的人生，用你全部的熱情、本事和運氣去直面煩瑣、複雜的生活。

生兒育女也很酷，你會無私地把愛賜予一個新生命，你慷慨地放棄一部分自由去換取困擾、麻煩、擔心和疲憊，然後負責任地陪他過短暫卻神聖的一生，過充滿挑戰卻富有意義的生活。

愛情註定會有麻煩，但愛會讓你願意忍受麻煩；愛情會製造很多麻煩，但愛情也會解決很多麻煩。

我們這一生，無非是被無數人忽略，被某個人深愛，然後與之攜手同行，一路收集那些惺惺相惜、相視一笑、心頭一熱、相愛相殺的美好片刻，最終兌換出一個名為「有你真好」的幸福人生。

海棠是個急性子，她總覺得爸爸媽媽取錯了名字，應該叫她「海嘯」才對。

男朋友當年向她表白時準備了十幾分鐘的感人台詞，結果才唸了五秒鐘，她就同意了。

戀愛的第三天，她就朝著男朋友嚷嚷：「喂，老兄，我們在一起已經三天六小時零十八分鐘了，你打算什麼時候親我啊？急死我了！」

海棠聽不了前奏太長的歌曲，也看不了節奏緩慢的文藝電影。如果她知道哪裡有好吃的，就一定要當天晚上去吃；如果想起什麼地方好玩，第二天請假也要去。

她完全不知道什麼叫「計畫」，什麼叫「等待」。如果早上起床晚了，平日裡半個小時的事情可以壓縮到五分鐘，然後火急火燎地出門。

她的男朋友則是個慢性子。如果約在晚上六點半見面，他就會預估行程，提前出發，一是因為他不想太趕了，二是因為他覺得早到和等待是一件很快樂的事情。

如果他真的不小心也起床晚了，該打理半個小時還是照舊打理半個小時。

逛街的時候，海棠覺得自己是牽著蝸牛在散步，而男朋友則覺得自己是拽著一頭活潑開朗的鬆獅。

他們倆使用頻率最高的對話是：「你快點」和「你急什麼」。

男朋友曾問海棠：「你為什麼總是那麼著急？」

海棠歪著頭說：「因為我是早產兒。」

男朋友不解地問：「這跟早產有什麼關係？」

海棠笑著說：「就是我想做什麼，我媽都攔不住！」

然後，她著急地補了一句：「關鍵是我自己也攔不住我自己啊！」

從那之後，男朋友看到海棠大吼大叫的時候就會安慰自己：「她只是性格問題，完全沒有惡意。」

海棠也曾好奇地問過男朋友：「你怎麼就急不起來呢？提高點效率不好嗎？刷牙要十分鐘？洗澡要一個小時？拖地要兩個小時？」

男朋友則非常嚴肅地對她說：「刷牙、洗澡、拖地，快了就弄不乾淨，就像工作、學習和論文，快了就做不出品質。」

從此之後，每逢海棠看到男朋友磨磨蹭蹭好半天才把地板拖乾淨，她就會勸自己：「只是性格問題，和智商沒有關係。」

久而久之，海棠習慣了男朋友的慢慢悠悠，並且倍加喜歡男朋友的細心、穩重和儀式感；而男朋友則接受了她的大大咧咧，同時倍加珍惜海棠的熱鬧、可愛和雷厲風行。

他們一個負責大踏步向前，一個負責走得更加穩健；一個負責當調皮鬼，一個負責當「弱智」。

其實，每個人身上都有獨一無二的魅力，也有別人受不了的缺點。就像玫瑰一樣，既美麗，又有刺。但愛玫瑰的方式，不是把刺拔掉，而是學習如何不被刺傷。

如此一來，多話的讓你變得健談，強勢的治癒了你的柔弱，木訥的消除了你的戾氣，保守的拯救了你的冒失。

我所理解的緣分就是：相遇在天，相守在人；懂得珍惜，才配擁有。

所以，當你討厭一個人的急性子，你為什麼看不到他的效率？

當你討厭一個人很拖沓時，你為什麼看不到他的耐心？

當你討厭一個人行動緩慢時，你為什麼看不到他的包容？

怕就怕，想要在一起的時候，他就說是「性格互補」，不想在一起了就說是「性格不合」。

愛情的世界哪兒有那麼多性格不合，無非是新鮮感消退了、神祕感消失了、誘惑不夠了，所以不想配合了。

事實上，如果對方不想理解你，那麼錯的永遠都是你，所以你的解釋是多餘的，等他道歉是不可能的。

感情世界的規則其實非常簡單：想要離開的人從來不缺藉口，願意留下的人向來不用挽留！

電影《手札情緣》裡有一段感人台詞：「我並無特別之處，我只是一個極其平凡的人類，過著極其平凡的一生，世界上沒有為我而修建的紀念碑。但在一件事情上，我比任何一個人都要偉大和忠誠，那就是，我用盡了我的一生全心全意去愛一個人。」

我們得承認，對一個人保持長久、熱烈的愛很難。但如果雙方都不想放棄這份感情，那麼兩個人就會一次一次地重新愛上對方。

你會因為他的好而原諒他的不好，也會因為意識到他的好而收斂自己的不好。從這個角度來說，受不了、看不慣、厭倦以及乏味，其實都是愛的一部分。

愛情不只是奮不顧身地去愛一個人的特別，更難的事情是學著去愛一個人的普通，理解對方、偏袒對方、心疼對方。換句話說，你既要愛他的優秀和矜持，也愛他的落魄和庸俗！

換個角度來說，當你發現一個非常驕傲的女生突然放下了驕傲，變得低微的時候，或者一個非常熱鬧的女生突然安靜的時候，那麼她多半是認定你了。因為她在你面前不用矜持，不用優秀，所以放心地讓你看到了面具後面的那個她。

同樣，當你發現一個非常理性的男生突然變得幼稚、白痴，或者你慢慢覺得他的魅力不夠了，覺得他不成熟的時候，那麼他一定是愛上你了。因為他在你面前沒辦法保持理性，沒辦法運籌帷幄，只好束手就擒！

想對男生說的是：如果女生對你無理取鬧，切記先讓她三分，等她自知理虧，會心存感激的！

想對女生說的是：是的，女朋友永遠是對的，但你別忘了，沒有人能保證女朋友永遠是女朋友。

09 所謂代溝，其實是還沒來得及理解的愛

春節放假，R小姐帶著兩歲大的兒子回娘家。吃過晚飯之後，R小姐在臥室裡敷面膜，聽見爸媽在客廳裡閒聊。

她爸對她媽說：「明天去老李家，把你外孫也抱去吧，人多熱鬧。」

她媽回答：「我才不抱，又不是我的孩子，走哪兒抱哪兒！」

R小姐按著眼角，憋著笑說：「那行啊，你把我抱去吧，我是你的孩子。」

R小姐一家完全可以拍一部家庭喜劇。

小學的時候，R小姐家裡並不富裕，為了多要點零用錢，R小姐騙她媽說：「學校要開一個藝術班，芭蕾舞、國學、圍棋、電腦……什麼都教，特別划算，一個月才三塊錢人民幣。」

結果是，她媽邊狂笑邊使勁地揍她：「啊？三塊錢人民幣？你當你媽是傻子嗎？」

大學剛畢業時，做為家裡工作最懶、收入最低的人，R小姐經常被她爸「嫌棄」。

但凡是她上廁所的時間長了、玩手機的時候發笑了、沙發上的抱枕掉地板上了、垃

圾桶快滿了……她爸都會找她的碴。

有一年春節回家，她兩手空空地進門了，她媽一邊忙著替她煮飯，一邊「嫌棄」她：「你都二十好幾的人了，回家都不給我帶個禮物，怎麼就這麼不要臉呢？」

她一臉諂笑地回覆道：「不要臉怎麼了，不要臉省錢啊！」

R小姐也會找一些事情來反擊，比如吃飯的時候提醒她媽少放點醬油，結果她媽直接把飯菜和碗筷都收起來了，並告訴她：「那你就自己弄吃的吧。」當天晚上，她還在洗衣機上看見自己都被媽媽挑出來了的髒衣服，旁邊還貼著一張紙條：「大概洗衣粉放多了也不好，你的衣服還是你自己洗吧。」

又比如說她爸不該抽菸，結果她爸一臉傲嬌地回應她：「那你就出去找個不抽菸的老爸，現在我們斷絕關係好不好？生活費不給你了好不好？」

揍歸揍，吼歸吼，「嫌棄」歸「嫌棄」，但實際上，R小姐的爸媽非常愛她，也非常開明。在她上學的這十幾年間，她爸總抽時間陪她去玩，她爸經常說：「你該玩的時候一定要使勁玩，不玩的話，一下子就長大了。」

她找工作的時候，她媽說：「你找自己喜歡的就行，反正我們又不指望你來養。」

她第一次辭職之後，她爸慫恿她出趟遠門：「你以後經商就當是去找商機，以後學藝就當是去找靈感，如果以後是做個普通人，那就當是去找快樂。」

在她被一堆親戚催婚的時候，她媽非常認真地對她說：「不著急，這些今天催你結婚的人，跟明天你過得不好，然後勸你不要離婚的人，是同一群人。」

看見沒有，一個家庭給孩子最好的牌，不是萬貫家財，不是位高權重，而是堅固結實，是發自內心的那種愉悅感。反之，一個家庭給孩子最爛的牌，不是窮困潦倒，不是人微言輕，而是自卑，是刻進骨子裡的自我厭惡。

我見過很多父母，要求子女必須這樣、必須那樣，同時不許這樣、不能那樣。他們將子女視為私有財產，視為他們人生的續集。子女只有「你都多大了」和「你才幾歲」這兩種年齡，並且這兩種年齡還會「看情況」而定。當父母需要展示自己的權威時，就會問：「你才幾歲啊？」當父母需要孩子來背黑鍋時，又會說：「你都多大了！」

子女既不許反抗，也不能有個性，只能無條件地服從。父母喜歡的才算興趣愛好，其他的都屬於玩物喪志；父母覺得好的才配叫談戀愛，其他的都是「瞎胡鬧」。

他們不在乎孩子過得快不快樂，有哪些真實的想法，不理解孩子為什麼哭或者笑。一看到孩子在哭，就狠狠地罵；一看到孩子在笑，就無情地潑冷水。沒有交流、溝通，有的只是命令、冷漠。

他們培養出了一個個壓抑、委屈、氣悶、沒有鮮明性格特徵的，處處逃避、時時隱藏真實自我的孩子。這些人可能無趣，可能無用，看似得到了父母的恩寵，其實積存的都是怨恨。

我也見過很多子女，指責父母這麼說不對，那樣想不對，嫌棄這些東西太土氣了，那些東西太寒酸了。將父母視為生活的錯題本，視為自由的敵人。

他們既看不慣父母的活法，也受不了父母的想法，父母在他們眼裡，除了給予他們生命，就剩給錢了。

於是，自懂事之後，很多子女就再也不會把父母當作英雄了。甚至還擔心自己會娶一個像媽媽一樣絮叨的女人，會害怕自己嫁一個像爸爸一樣無用的男人。

於是，孩子抱怨父母「怎麼就不能像別人家的父母那樣開明」，父母則埋怨孩子「怎麼就不能像別人家的孩子那樣優秀」。

等到父母明白孩子的感受時，孩子已經逃得遠遠的了；等到孩子懂得父母的愛時，父母已經老得就像一張舊報紙了。

所謂「代溝」，就是子女無法感受到父母的良苦用心，父母也無法理解子女的真實感受了；就是「我做什麼，你都看不慣我；你說什麼，我都不想聽」。

電影《完美陌生人》裡有一個小細節，大致是這樣：一個十七歲的少女談戀愛了，男朋友邀請她去家裡做客，並且暗示家長不在家。女生很清楚，這不是簡單的見面聊天，他倆很有可能會發生關係。

於是，少女給她的爸爸打了電話，非常誠實地說出了她面臨的選擇和擔心。

少女說：「我很喜歡他，但我沒想過這麼早跟他發生關係，可如果我不去，又怕他會不高興，我不知道要怎麼做。」

她的爸爸聽完後非常坦誠地對她說：「親愛的，你不能因為怕他不高興就跟他發生關係，這不是理由。你要明白，這是你人生中非常重要的時刻，是你會銘記一生的事情。我當然不會支持你去，因為你還小。但是，如果你以後想起這個時刻，無論這段感情的結果如何，你都會嘴角帶笑，那你就去吧！但如果你不是這麼想的，或者說，你現在還不太確定，那就先不要去！」

想像一下，如果你是家長，聽到孩子非常誠實地跟你說這樣的事情，你會做出什麼樣的反應？

會瘋掉吧？聲音會不自覺地升到最高，然後怒髮衝冠地對著孩子吼：「你腦子壞了？不能去，絕對不能！你要是去了，就別認我這個媽（爸），就別再回這個家了！」

會失望吧？眉毛緊鎖，臉色凝重，然後話裡帶刺：「你還要不要臉？你不要，我還要啊！」

還是直接無視？繼續忙手裡的事情，然後像什麼都沒聽見一樣冷漠地說：「隨你便，想怎樣就怎樣！我管不了你。」

又或者是像電影裡的那位爸爸一樣，能心平氣和地聽完，然後給出中肯的分析，以及不失偏頗的建議？

再想像一下，如果你就是這個十七歲的少女，你會跟自己的父母誠實說明一切嗎？

我相信大部分人都不會，且不說是這種人生大事，在很多小事上，很多子女也都是天生的說謊大師。

比如，小時候考砸了，回到家後，你一臉認真地對你爸說：「老師說了，這次試卷特別難，能考五十五分已經不容易了，最高分好像才六十六分。」你還會一臉為難地對你媽說：「老師還說了，這次考試不做排名，所以，我也不知道我得了第幾。」因為你知道，如果實話實說，那你接下來的假期將會無比難過。

比如，大學談戀愛了，錢不夠花，你可能會跟你媽說：「下個月要報一個補習班」「學校運動會快要到了，我想買一雙跑步鞋」……因為你知道，如果是以談戀愛為理由，那麼錢是肯定要不來的。

人之所以會選擇撒謊，是因為他權衡了利弊之後發現，「誠實＝源源不斷的審判＋難以忍受的抱怨」，而「撒謊＝大機率的平靜＋可能會有的好處」。

所以，當你因為別人撒謊而準備爆炸時，請一定要先問問自己：「如果對方說了實話，我會選擇理解並原諒他嗎？」

如果答案是「不會」，那麼請再次追問自己：「他憑什麼要對我說實話？撒謊不是很正常嗎？」

所謂「代溝」，就是子女有無數的心事，卻不能向時時準備要審判自己的父母坦露。

A接到了老媽的電話，大意是想讓A幫忙買一款健康鞋墊，說身邊有好幾個老太太在用，特別好，兩千多人民幣一雙。

A就上網查了一下，然後用醫療原理、行銷策略以及類似的案例來告訴老媽「這東西肯定是騙人的」。講了足足有半個小時，有理有據，聲情並茂。

末了，A問道：「媽，你聽明白了嗎？」

他媽嘆了一口氣說：「完全明白。」

然後補了一句：「都說養兒防老，原來都是騙人的！」

B的老媽很喜歡看電視購物，有一次在老媽家，老媽告訴B：「我看電視購物頻道，買了一款超級划算的包包，你看看，超級明星訂製款，原價一萬九千八百元人民幣，我只花了九百九十八元人民幣。」

B自然知道老媽上當了，但他沒有拆穿，而是表現得非常驚喜：「老媽，你真是太有眼光了，這包包買得真值得！」

他的媽媽高興了足足半年。

孝順是講道理嗎？是辨明真偽嗎？不是！

真正的孝順，就是不急著對自己的父母說教，就是允許他們犯一些低級的錯誤，讓他們說一些你不認同但他們堅信不疑的話，讓他們做一些你不喜歡但他們非常熱愛的事……

真正的孝順，就是把自己變成父母的雙腿和雙眼，去他們沒去過的遠方，看他們沒看過的美景，然後向他們分享自己的見聞和世界的變化，並且找機會帶他們走走看看。

那麼你呢？

你常年在外漂泊，父母常年待在寂靜的房子裡，而你則安靜地待在父母的通訊錄裡。有時候他們生病了，你卻只能在他們痊癒之後才從旁人那裡得知。

你好不容易回趟家，當父母圍著你問這問那的時候，你卻目不轉睛地盯著手機螢幕，然後不耐煩地回一句：「跟你說了，你也不懂。」

他們當然沒有你懂！

你見識到了這個世界高效、光鮮、正確的一面，所以你越來越難以理解父母為什麼會輕易地被錯誤的觀點煽動，會被某些存在著明顯漏洞的騙局騙到。

你讀過各式各樣的勵志文章，聽過各種各樣的熱血故事，所以你認定了時間比什麼都珍貴，所以你理解不了為什麼父母會不厭其煩地要求我們省吃儉用，所以你看不慣父母為了省錢而做一些費力不討好的事情。

你越來越有主見和判斷，對世界的認知越來越豐富，對自己人生的規劃越來越清晰，所以你聽不進去父母的告誡，甚至對他們的噓寒問暖感到厭煩。

所謂「代溝」，原本是不存在的，只是不想說的話太多了，便有了代溝！

有個大四的女生說：「剛上大學的時候，我已經十八歲了，可爸媽還是像對待幼稚園的小朋友那樣要求我晚上六點之前必須回家。很長一段時間裡，我都覺得他們保守、狹隘，理解不了，也忍受不了。直到我最好的朋友出事了，我才理解了父母的良苦用心。因為意外和明天，真的不一定哪個會先到來。」

有個上高中的男孩說：「偶爾會覺得說話粗魯、喜歡討價還價的媽媽很丟人，連起碼的面子和尊嚴都不要。有很長一段時間，我不喜歡媽媽，不喜歡她來參加我的家長會。直到我看見她把討價還價省下來的錢全部都用在我身上，我才明白，在媽媽心裡，比起面子、尊嚴，我才是最重要的。」

有個在異地的學子說：「我的爸媽總是怕東怕西，一會兒轉給我一段新聞，一會兒轉給我一段文字，告誡我不要這樣，不要那樣。有很長一段時間，我一直致力於幫他們闢謠，讓他們意識到自己有多傻。直到有一天，我談戀愛了，還是異地戀。女朋友所在的城市發生了什麼事情，我都會立刻轉發新聞提醒她。那一刻我才理解自己的父母，他們不是愚昧，只是太愛我了。」

有個做老師的媽媽說：「我教學生做題目，他們卻總是聽不懂時，我真想兩巴掌打過去。那一刻，我突然就理解了當年爸爸為什麼總是用筆敲我的腦袋。當時覺得糟心、難過、煩躁，現在才明白，那是他恨鐵不成鋼的無奈，更是望女成鳳的期望。」

長大至少有兩個標誌：

一是理解了父母的不容易，並且迫切地想要回報他們。

二是接受了父母的不完美，並且無條件地原諒他們。

所謂「代溝」，就是父母總高估了自己對子女的重要性，同時低估了子女所承受的壓力和痛苦；而子女總高估了父母製造束縛的能力，同時低估父母為自己著想的程度。

想對天下的父母說，你對孩子的付出，註定會超過孩子對你的回報。但是，這並不意味著孩子必須活成你指定的人生。不要動不動就說「我都是為了你好」「你真是太讓我失望了」，不要用自己的愛去綁架一個鮮活的生命。

最失敗的父母，就是既看不起自己的孩子，同時又希望孩子能夠成龍成鳳；就是給孩子戴上無數的枷鎖，同時又希望孩子能夠強大而且快樂。

想對天下的子女說，你的媽媽當年也是集萬千寵愛於一身的小仙女，你的爸爸當年也是滿腔熱血的翩翩少年，曾經的他們和現在的你一樣，臭美、自戀、虛榮，所以他們會犯錯，會自私，會手忙腳亂，會崩潰無助。

父母是第一次做父母，你是第一次做孩子，誰能保證自己不犯錯呢？在你責怪父母獨斷專行、蠻不講理的時候，我希望你能提醒自己：他們不是完美的大人，自己也不是完美的小孩。

不爭的事實是，他們用逝去的芳華換來了你的璀璨人生，而你的風華正茂換來的卻是他們的風燭殘年。

所謂「代溝」，其實都是還沒來得及被理解的愛！

10 我們都擅長口是心非，又希望對方能有所察覺

忘了是什麼節日，趙家夫婦請我吃飯，吃的什麼也忘了，就記得他們倆在飯桌上鬥智鬥勇的對話。

趙先生說：「我的提款卡找到了，在我公事包的夾縫裡。」

趙太太聳聳肩說：「我老公真棒，丟了的東西找了一個月就能找到。」

趙先生不甘示弱：「跟媳婦比，我差遠了，媳婦找不到的東西，就是找不到了。」

趙太太提高了音調說：「嗯，能找到就是很棒，找不到就是很蠢！」

趙先生馬上說：「不不不，能找到是窩囊，找不到才叫酷！」

後來聊到他們三歲的女兒。趙太太知道我學過心理學，就問我：「我家孩子才三歲，想要什麼東西，她都不會明說，非得塞給她才行，這算不算心理疾病啊？」

結果趙先生接話了：「別說三歲小女孩了，三十歲的女人也是這樣。」

那頓飯我沒怎麼吃東西，因為當時的情況是：他們倆說話就像是 jpg 格式，而我全程笑成了 gif 格式。

印象中的趙先生是個書呆子，而趙太太是個一等一的「頂嘴王」。但拜對方所賜，趙先生不知不覺地變得能說會道了，而趙太太則明顯要比從前溫柔得多。

比如在某個紀念日，趙太太紅著臉向趙先生坦白：「其實當年看到你的第一眼，我就理解了什麼叫『情竇初開』。」

結果趙先生一臉壞笑地說：「拜託，你那不叫情竇初開，頂多叫流氓早熟。」

兩個人在生活中也會發生爭吵，多數情況都是趙先生主動「繳械投降」。氣不過的時候，他就躺在沙發上一動不動。

趙太太就會問他：「你躺下來幹什麼？繼續跟我吼啊！」

趙先生答：「我死了！」

趙太太追問：「那怎麼還有氣？」

趙先生答：「因為嚥不下這口氣！」

他們嘔氣一般不會超過兩個小時，兩小時之內就會互相道歉。

一個說：「我錯了，我錯了，我不該那麼長時間不理你。」另一個說：「不不不，都怪我，都怪我，我不該跟你發脾氣。」

他們生氣時給人的印象是：「生氣歸生氣，但不影響我愛你。」

他們道歉時給人的感覺是：「這次是我錯了，但下次我還敢犯！」

與此同時，他們倆非常默契地遵守一項原則，那就是：在家的時候可以隨時開戰，但在外面一定要照顧好對方的形象。

當有人問趙先生：「你覺得談情說愛浪費時間嗎？」他的回答是：「我每天笑著睡覺，笑著起床，一個人走路也是笑容滿面的，跟別人聊天，七拐八拐就會拐到我太太那裡。時間算什麼？命都可以給她，浪費就浪費了吧。」

當有人問趙太太：「他那麼會賺錢，又儒雅謙和，你怕不怕他是個花心的人？」她的回答是：「我倒不怕他花心，我就怕自己不夠好，讓他以為愛情不過如此。」

你看，令人羨慕的感情，其實都是勢均力敵的。你能挨我一刀，我能吃你一棒；你懂我的言外之意，我理解你的言不由衷；見對方情緒不對，就主動示弱；逮著機會了，就「尋機報復」，也因此將平淡的生活「玩」出幾分滋味來。

幸福大概就是這樣吧，你的不耐煩有人能兜著，你說的廢話有人在聽，你的小心思有人能識破，你愛著某個人，一愛就是一輩子！

戀愛毫無規律可言，有的是吵吵鬧鬧就白頭偕老了，有的是甜甜蜜蜜卻分道揚鑣了。朱曉曉屬於後者。

朱曉曉今年二十三歲，只談過一次戀愛，而且一談就是五年。

這段感情的前四年都是異地戀，隔著六百公里，每兩個月見一次面，但那四年超級甜蜜，每個普通的日子都能過成紀念日，每天能聊三四個小時的廢話。

用一句話形容就是：沒電了，訊號無，才敢與君絕！

我記得當時問過朱曉曉：「你是怎麼被他打動的？」她說：「就是有那麼一天，我們在公車站等車，車快來的時候，他突然扯了扯我的袖子，然後紅著臉說『喂，我好像能永遠喜歡你』。」

男生對朱曉曉確實很好，幾乎是全天都惦記著她。

有一次，朱曉曉跟室友和室友的男朋友一起去看電影，電影開場之前，朱曉曉拍了一張照片發給男生，並且撒嬌似的說：「你以後要為我報仇，你看他們倆在我面前秀恩愛呢！」然後就把手機調成靜音模式了。

電影結束之後，她才看到男生發了很長的道歉信，大意是「現在不能陪你，非常抱歉」。從那之後，只要朱曉曉去看電影，男生就會在自己所在的城市選同樣的場次，然後一起看。

熬完了四年異地戀，兩個人終於在一起了，他們工作穩定了，開始存錢買房、準備結婚。

然而，交集越來越多，彆扭也越來越多。小到幾點關燈睡覺、晚飯是吃米飯還是麵條，大到房子該買在哪個位置、車子是買轎車還是休旅車，都吵。

他們發自內心地不同意對方的觀念，但都默契地選擇了「忍」，因為這份感情來之不易，也因為還愛著對方。不到半年時間，兩個人辛苦到連話都不敢說的地步。

分手那天是個星期五，兩個人本來約好下班一起去看場電影，但朱曉曉突然說「不想看了」，沒有任何解釋，男生也沒要解釋。

兩個人往地鐵站的方向走，照舊是默契地沉默著。眼看著要進地鐵站了，男生扭頭說了一句：「哪天你心情好了，我們分手吧。」

朱曉曉愣了一下，然後平靜地說：「好啊，我今天心情不錯，就今天分吧。」

然後就沒有然後了。

當初的「喜歡」是真的，如今的「累了」也是真的。

誰都沒去挽留，誰都沒問一句「為什麼」，乾脆俐落的程度就像是兩塊相吸的磁鐵突然之間變成了相斥。

原來，一見鍾情不能保證天長地久，情投意合不能，朝朝暮暮也不能。

原來，斷了的愛情就像是脫落的牙齒，沒了就是沒了，再怎麼用心裝，也是假的！

每一種情緒的背後，一定隱藏著某種被對方忽略了的需求。這時候，如果你不能自己解決，那就試著表達出來。

當你說「我想一個人靜靜」的時候，你實際想說的是：「我想一個人待著，但是，你也別走得太遠。」

當你說「你怎麼每次都這樣」的時候，你實際上是想說：「我希望你聽我說一會兒話，我現在很難受。」

當你說「我沒事」的時候，你其實是想說：「我需要你。」

當你說「你忙吧」的時候，你其實是想說：「我們聊一會兒吧，就五分鐘。」當你直接地表達出自己的感受和需求，對方就可以把注意力用在滿足你的需求上，從而減少了不必要的誤判，對方能清楚地知道你需要什麼，他該做什麼。

否則的話，他要麼是束手無策，要麼是無動於衷，而那時的你能得出的結論只有一個：「你不愛我了。」

人啊，真是個奇怪的物種，尤其是在感情面前，需要坦白的時候，總是隱忍地閃爍其詞，需要退讓的時候又不管不顧地強調尊嚴。

於是，不告而別的錯過和無疾而終的遇見也因此而不斷湧現。

所以，不要一看到喜歡的人就急著說「愛你勝過愛自己」這種話。因為「愛對方」和「愛自己」的比較是一場耐力賽，是相識以後，是此後餘生，不是你此時此刻的心血來潮，也不是情到濃時的信口開河。

這就好比說，你參加了一場一萬公尺長跑，僅僅是因為在開始的時候領先了三公尺，然後逢人就說「我贏了比賽」，不覺得很荒謬嗎？

我知道，其實你內心很驕傲，但看起來很靦腆，就像是一隻謹慎的小兔子，壯著膽子去喜歡某個人。但凡他給了你一個笑臉，你就會開心地蹦跳一整天；可但凡他表現出一點不耐煩，你就會紅著眼睛逃回森林裡。

然後，你欺騙自己說「錯過就錯過吧，好的總是壓箱底」，我想提醒你的是，你可能根本就不知道你的箱子有多深。

喜歡一個人不難，難的是互相理解；感動一個人不難，難的是一直愛下去。

在感情的世界裡，「生分」這種東西一旦出現，就會像黑洞一樣難以遏制，直到將這份感情完全吞噬。

想必你也發現了，只有小孩子才會不停地追問「你為什麼不理我了」，而大人們都是非常默契地再也不見了。

都說「愛是天時地利的奇蹟」，這是真的。

在茫茫人海中有幸遇到一個心儀的人，他迷人且自信，對生活充滿熱情，對世界充滿好奇，就像是一隻從赤道飛過來的、羽毛鮮豔的小鳥，經過長途跋涉，越過洶湧人潮，不偏不倚地落在你的肩上。

你迫不及待想要親吻他的嘴巴。

但是，沒過幾個月，你們卻用同一張嘴巴為一些小事吵得天翻地覆。

你們調動了全部的注意力和智力，用最刻薄的語言去刺痛對方，並且極盡嘲諷之能事。

但悲哀的是，你側耳傾聽的目的不是聽清他說了什麼，而僅僅是為了找到破綻以便反擊；他屏息凝視也不是為了聽懂你的弦外之音，僅僅是為了更狠地頂回去！

概括起來說就是：你們既不瞭解自己，也不瞭解對方。

互相不理解是什麼感覺呢？

大概是，一個人覺得自己把細枝末節都交代清楚了，然後帶著一百二十分的期待去問另一個人：「所以，你的答案是什麼？」而另一個人還一臉懵懂地反問道：「啊？你問了什麼？」

大概是，一個人覺得自己做得很好了，另一個人覺得不夠，然後，一個人說：「你看，我為你付出了那麼多。」另一個人卻說：「你這個地方沒做好，那個地方沒做對。」

成年人的愛情不僅需要緣分，更需要學習，需要經營，需要不斷地瞭解對方的真實需求。

所以，為了愛，學習吧，改變吧。每人都有需要學習和改進的地方，有人要學習微笑，有人要學習擁抱，有人要學習克制情緒，有人要增強體質……如果為了自己愛的人，你都不願意稍做改變，那真的意味著你失去與世界的溝通能力了。

你一個人的時候，你可以有個性，可以毫無顧忌地做你自己，但如果是兩個人了，就需要溫柔地體諒對方並耐心地和對方溝通。

畢竟，愛的邏輯關係不是「因為……所以……」，而是「即使……仍然……」。

愛是什麼？是識貨！

他不會嫌棄你胖。即便你真的胖，在他眼裡，你依然是個被鎖在脂肪裡的瘦子，是個包裝紙很厚的精美禮物。

他總能猜透你的小心思。如果你在商店裡多看了幾眼圍巾，他馬上就能挑出一條套在你的脖子上，你低頭一看，天哪，款式、顏色、紋理都是你喜歡的。

就像網路上那個段子寫的那樣：「我的院子裡有四萬朵玫瑰花，每天清晨，我捧一本書坐在院子裡。所有的人路過，都要稱讚我的玫瑰，也有想要折去一兩朵的，我統統不理不睬。直到有一天，你來了，笑得眼睛瞇成月牙。問我：『看的什麼書啊？』我就知道，這四萬朵玫瑰花，統統是你的。」

多麼幸運啊，世界上有那麼多有錢的人，有才華的人，多愁善感的人，胡搞蠻纏的人，風度翩翩的人，就只有這個人會讓你開心地笑、放肆地罵、落寞地哭，以及毫無保留地愛。

愛對了一個人，就相當於做對了人生當中絕大多數的事情。

11 明明是你死皮賴臉，何必怪他不留情面

楊姑娘的第三次表白之後，那個男生就把她封鎖了。

她跑來跟我抱怨：「我到底是殺了人，還是放了火，他居然這樣躲著我。」

他們是在朋友的聚會上認識的，當時一群人三三兩兩地聊著天，楊姑娘卻如花痴一樣盯著對面的男生看。在酒精的慫恿下，楊姑娘突然就站起來指著那個男生說：「不好意思，初次見面我就喜歡你，有空咱們談個戀愛吧！」

眾人哄笑，但男生顯然被她的唐突給嚇著了，他尷尬地笑了一下，然後繼續和旁邊的人聊天，根本沒有接楊姑娘的話。

之後的一個小時，楊姑娘感覺自己就像是一隻企鵝，被扔在了撒哈拉沙漠。

「賊心不死」的她透過朋友加了男生的微信，她花了一整夜的時間翻看了男生的每一則動態貼文，並且逐一按讚。

隨後的幾天，楊姑娘不斷地對男生分享自己喜歡的歌曲、電影，推薦自己喜歡的書籍、美食，還把自己平時看到、聽到的開心事講給男生聽。

男生偶爾也會回覆她，要麼是很快的「哦」一個字，要麼是很久之後的「才看到」三個字。

就是這麼一丁點的回應，楊姑娘能開心好半天，她覺得機會來了，就在對方的「才看到」之後發了一句：「我真的真的很喜歡你，你能試著跟我交往嗎？」

對方很直接地回：「不能。」

一氣之下，楊姑娘把男生封鎖了，她發誓：「我再也不喜歡他了，再跟他講話我就是小狗。」

結果第二天早上起來，她就重新加了男生的微信，還一個勁地解釋：「實在不好意思，小姨家的孩子玩我的手機，不小心把我的好友都刪掉了，害得我一個一個往回加。」

瞧瞧吧，愛情裡的弱勢群體都一個蠢樣，決絕的話說得氣壯山河，丟人的事做得前赴後繼。

她偶爾也會覺得，能認識一個讓自己心動的男生就已經很好了。然而，忍了不到一個星期，不甘心只是做朋友的她又厚著臉皮去表白了。這一次是直接打電話，楊姑娘不想給他岔開話題的機會。

她說：「你能告訴我你喜歡什麼樣的女生嗎？我會朝那個方向努力的，我會變成你喜歡的樣子……」

還沒等她說完，電話就被掛斷了。等她再撥過去，電話沒人接了，等她再發微信，發現自己已經被封鎖了。

她非常不解地問我：「我努力地靠近他，他也曾理過我，為什麼要封鎖我？不感動就算了，不喜歡也算了，為什麼要封鎖呢？」

我說：「自始至終，他都沒有騙你，也沒有給你希望又讓你失望，而是給了你一個明確的答覆。他沒有義務對你微笑，更沒有義務忍受你的再三打擾！」

喜歡一個人是一種感覺，你可以把這種感覺描述得天花亂墜，你可以被自己的輾轉反側感動得稀哩嘩啦。但是，不喜歡你卻是事實，事實勝於雄辯！

你以為自己是在為了愛情而努力著，實際卻像是在菜市場裡賣菜，像是在馬路邊擺攤，顯得特別廉價。他按了個讚，你就以為生意來了，其實人家只是路過，出於禮貌或者習慣向你點頭示意而已。

所以，不要沒完沒了地發「在幹嘛」「吃了嗎」「早點睡」「多喝水」這些沒營養的話了，有這些時間，不如琢磨如何讓自己更健康，如何讓自己更有趣、更有學識地和對方愉快相處，如何讓自己更有底氣、更有實力地和對方平等交流。

你要記住，真正的喜歡，就是努力讓自己配得上。

可惜的是，多數人都想擁有一個優秀的戀人，卻很少有人能夠理性地問自己到底配不配。

你給他寫了情書，送了禮物，然後日日夜夜地思念，並且有過無數的忐忑和臉紅，但都被他明確地拒絕了。你內心的潛台詞是：「你可以不主動，但是我主動的時候，你能不能別一動不動。」

可問題是，他對你毫無感覺，為什麼要動？

殘酷的真相是：只有發覺自己不被喜歡，才會賣力想要投其所好！

喜歡一個人需要勇氣，但被人喜歡卻需要運氣。糟糕的是，你勇氣可嘉，卻運氣不足。

結果是，你每次試探性地往前一步，看到的都是他見了鬼似的落荒而逃。

你可能誤解了「理人」這種行為。你給他發了二十多則訊息，講了你這一天的吃喝拉撒、喜怒哀樂，然後他到臨睡之前才回了你一則「才看到」，這不叫理你，這叫被逼無奈。

記住了，他主動給你發訊息，才叫理你。

你也可能誤解了「表白」這種行為。表白就是向一個人說出自己的心裡話，然後，這個行為就已經結束了。你說完了，就已經非常勇敢和光榮地完成任務了。

不要用表白來勒索關係，逼著對方做出回應。你這不是表白，更像是威脅；也不算喜歡，更像是給人添麻煩。

那結果自然是，你拿著邱比特的弓箭追啊追，他穿著防彈背心跑啊跑！

自從被分手後，董先生就像是丟了魂。他把一份重要的合約文件塞進了碎紙機裡，煮義大利麵時把洗潔精當成番茄醬用，走到公司門口才發現腳上穿的是拖鞋……

他在他的微博裡繪聲繪色地講著他失戀之後的糗事，就像一個街頭藝人在等著過路人的圍觀。

我評論道：念念不忘，必然很喪（頹喪）！

這段感情開始得很突然，是董先生先動的心，也是他先開的口。開始非常順利，這邊表白了，那邊就答應了，就像是摩拳擦掌準備攻城掠地的時候，城裡的人打開了城門列隊歡迎。

董先生據此認為：「她可能早就看上我了。」

然而不到三個月的時間，他就硬生生地將戀愛談成了挑戰極限運動：想像力像在衝浪，心臟像在滑翔，自尊像在潛水，猜忌像是攀岩……今天因為某個異性的評論而醋意大發，明天因為某句關心不到位而大發雷霆。

幾場「嘔氣大戰」之後，女生提出分手。

董先生慌了，他發了瘋地祈求，在街上哭得聲嘶力竭，還一遍遍地發誓：「我可以改的，我都可以改的。」

女生雖然不再提分手，但卻對董先生越來越冷漠，不想說話，不想約會，不管董先生怎麼獻殷勤，女生總能找到「今天不想出門」的理由。

最後一次見面是董先生的生日，在他的軟磨硬泡下，女生勉強答應一起看電影。可就在電影開場前二十分鐘，女生突然打電話給他：「我的閨密也想看這場電影，你再買一張票吧。」

董先生選座的時候發現已經沒有連座的票了，女生則建議說：「那我和閨密坐一起，你坐那個後買的位置。」

就這樣，一個預想中甜蜜難忘的生日，變成了一個五味雜陳的愛情祭日。

那天臨睡前，董先生忍不住問了一句：「你能不能對我好，哪怕一點點？」

結果女生直接回覆道：「對不起，我已經不愛你了。」

董先生把他們最後的對話截圖發給我看，問我怎麼會這樣。

我說：「無非是，你不捨得劇終，她卻不想演下去了。」

愛情中最悲哀的事莫過於，你看似談了很多次戀愛，但事實上沒有一次被好好地愛過。

愛情非常現實。當一個人喜歡你的時候，你的缺點都叫「與眾不同」，可當他對你不再有感覺的時候，你的優點都顯得俗氣平庸。

當他還喜歡你的時候，他只會擔心自己給你的不夠，他會將你的撒嬌視為親密，將依賴視為信任，將黯然神傷視為楚楚動人，就連打嗝、放屁、牙縫裡有菜葉子都視為天真可愛。可當他對你沒感覺了，就會覺得你的要求太多了，他會將你的撒嬌看成無理取鬧，將你的依賴看成麻煩，將你的難過看成矯情。

當他還喜歡你的時候，你是一串鞭炮，他都覺得你有個性；可當他不喜歡你的時候，你溫順得像一隻貓，他都嫌你掉毛！

換句話說，他對你的態度僅僅取決於喜不喜歡你，跟你如何表現無關。

所以，不要再靦著臉說自己會永遠等下去。遙遙無期地等一個人，這看似感人，但並不誘人，就像你天性善良，對他情深義重，可不及另一個人好看、有趣或者有錢。

也不要死抱著一樣東西不放手，而是要將其視為宇宙交給你代為保管的物品，你看似擁有了它，但實際上隨時都會被人取走。

愛情沒了，你要做的是守住尊嚴。不論能不能在一起，也不論能不能走到最後，你的感情都應該遵循三項規則：

（一）這段感情整體上應該是讓你上進、讓你感受到快樂的，如果它整體上是讓你頹廢、失去自我、經常失望和憤怒的，那不如不要。

（二）自己的喜歡是有保存期限的，一廂情願也好，捨不得放手也罷，過期就要作廢。

（三）不喜歡要明說，拒絕要乾脆。不要曖昧，不要給人希望，畢竟誰的喜歡都不是大風颳來的。

不屬於你的東西不僅是要扔掉，而且還要扔得遠遠的。

希望你早日明白，身材、金錢、事業、學業、前途、親情、尊嚴……任何一樣，都可以比愛情重要。

網路上有個段子：「如果有一天，你在街上碰到了你的前任和他的新歡，請不要心酸。記得媽媽說過的話，我們要把不要的舊玩具，捐贈給比我們更不幸的人。」

但實際上，被分手、被放棄、被辜負的那個人是做不到這麼酷的。

多數人對前任的感情非常複雜：一邊在言語上貶低對方，一邊又在深夜裡反覆想起；一邊宣稱要馬上投入新戀情，一邊又希望對方過得不好，然後可憐巴巴地回來求自己和好。

結果是，一邊枯坐在思念的廟宇裡吃齋念佛，一邊幻想他和另一個人正逍遙快活。

事實上，前任也曾經是你覺得對的人，你也曾為他掏心掏肺、奮不顧身過，所以不必因為失戀而否定曾經的自己。

即便不愛了，也沒必要去恨。在愛與恨之間還有無限的空間，比如隨他去吧，比如同情，比如無所謂。

何為勇氣？就是不再回頭看。

何為強大？就是能靜候佳音。

心裡有事，你就請個事假；心裡有病，你就請個病假。

不要低聲下氣地祈求，不要醉成一灘爛泥，不要故地重遊，不要當眾哭得狼狽不堪，不要破罐子破摔……你所有的補救都無濟於事，所有的表演都荒唐可笑，所有的自虐行為都需要自行承擔。

這個世界很殘酷，但凡是你喜歡的東西，基本上有這三個特點之一：容易發胖、不太便宜、不想理你。

但你可以很酷。至於那個人為什麼不想理自己？管他呢！畢竟生活的目的不是找出「十萬個為什麼」的答案，而是要去擁抱「十萬個不為什麼」的坦然。

我的建議是，以你的真實面目示人，自然會有人喜歡你的真面目。不用取悅誰，更不用委屈自己，不回你訊息的人就別黏著了，不同意就直接說「我不」，而不是「那好吧」。

你好不容易才變成一個酷酷的混蛋，為什麼不繼續酷了呢？

切記，愛常常是錯覺，恨全都是假象！

生日和新年都不祝你快樂了，只祝你經歷了情路的曲折和顛簸，仍然還覺得「人間值得」。

| Part 3 |

講真的，如果吼可以解決問題，那麼驢將統治世界

人一旦認定了某件事，想法就會變得片面且固執。
就好比說，麻雀看到老鷹在雲端翱翔，心裡想的是：
「飛那麼高不累嗎？掉下來可就慘了。」
就好比說，蝸牛看到羚羊一路狂飆，於是低聲嘆息：
「早晚會死的，著什麼急啊？」
就好比說，青蛙聽說鮭魚逆流而上，於是咧著嘴巴笑：
「哈哈，真是水產界的白痴。」

12 評價別人容易，認識自己很難

先講三個有趣的故事。

一個男人近期發現，妻子的耳朵越來越聾了，經常是一個問題問了好幾遍都沒有回應。於是，他就去問醫生：「我該怎麼辦？」

醫生告訴他：「你可以試著多喊幾次，比如先站在六公尺遠的地方提問，然後站在三公尺遠的地方提問，最後站在她身後提問。」

男人回到家，進門的時候問了一句：「親愛的，今晚吃什麼？」沒有聽到回應。

男人就往前邁了幾大步，接著問：「親愛的，今晚吃什麼？」依然沒有聽到回應。

男人失望地走到妻子身後，又一次問道：「親愛的，今晚吃什麼？」

這時候，他聽到妻子說：「吃魚啊！我都回答你三遍了！」

第二個故事其實是一則笑話。

在一次家庭聚餐中，A和B正忙著將麵包片塗抹奶油。A說：「我發現了一個規律，如果誰不小心把麵包片掉在了地板上，那麼一定是抹了奶油的那面著地。」

B搖搖頭說：「這是你的錯覺，兩個面著地的機率應該是一樣的。你之所以會有這種錯覺，大概是因為奶油面著地了更難清理。」

為了證明自己沒錯，A把手裡的麵包片扔到了地板上，結果是沒抹奶油的那面著地了。

B得意地說：「你看，是錯覺吧！」

A則一本正經地糾正道：「不，肯定是有奶油的那面著地，剛才一定是因為我把奶油塗錯面了。」

第三個故事更好笑。

一位將軍在戰場上受傷了，被緊急抬進了醫療室。就在醫生準備替將軍做手術的時候，旁邊的護士突然朝醫生開槍了。

現場的所有人都震驚了，開槍的護士則流著眼淚解釋說：「對不起醫生，你是一個好人，但我是一名臥底，我不能讓你救活將軍。」

然後，醫生在臨死之前對護士講了一句話：「那你直接朝他開槍啊，你殺我幹什麼？」

這個世界的荒謬之處就在於：聰明人對自己滿是疑惑，而傻瓜們卻對自己堅信不疑！

人一旦認定自己是對的，就會變得偏執、過分自信，變得聽不進別人的意見，並且堅信自己不可能犯錯。

所以根本就意識不到自己淺薄的見識得出的結論有多荒謬，也根本看不到自己一腔孤勇的行為有多滑稽。

即便最後發現錯了，遇到挫折和難堪了，很多人都習慣性地怨天尤人，怪環境、怪隊友、怪天氣、怪運氣，就是不去反省自己。

久而久之，你的優點照舊是「知錯能改」，但缺點卻變成了「從來都不覺得自己錯了」。

比如，覺得自己是消費者，就把自己當成了「上帝」。去餐廳吃飯的時候，服務生稍有疏忽就大喊大叫；點外送的時候，快遞員遲到了幾分鐘就要罵人、要投訴；出門無論是汽車、火車，還是飛機，都以為是自己的私人專屬，稍有不如意就邊說邊罵的。

甚至還有人會因為同伴「馬上就到了（實際是遲到了）」而冒險去阻攔飛機和火車。

比如，覺得是朋友就應該幫幫自己，所以即便是求人幫忙也擺出一副理直氣壯的樣子。

「你有空玩遊戲，怎麼就沒空幫我寫文案？」「你有錢買房子，怎麼就沒錢借我？」對啊，就是因為別人要玩遊戲，所以沒空幫你寫文案；就是因為別人要買房子了，所以沒錢借你啊！

又比如，覺得自己是被愛的一方，就覺得對方做什麼都是理所應當的。

「因為你喜歡我，你就應該和異性朋友斷絕聯繫」；「因為我是你的女朋友，你就應該時刻照顧好我的情緒」；「因為你愛我，你就應該記得每一個節日和紀念日，並且還應該製造浪漫」。

其實，類似於「因為你喜歡我」的話，其後接任何要求都看似說得通，包括把月亮裝進你的書包裡，把富士山圈起來給你一個人看⋯⋯

可問題是，他只是愛你，並不欠你；你只是他的戀人，不是祖宗。

我的建議是，即便是占盡優勢，也不要為所欲為。

在有充足的證據表明是別人的錯之前，先把錯算在自己身上。在問題解決之前，先從自身去找找原因。

生活不是審案子，不必一邊出示證據證明自己沒錯，一邊腦補證據指責別人錯了。它不需要那麼精確的「我對了多少、你錯了多少」，它需要的是體諒，是尊重，是共進退。

生活的真面目藏在一團迷霧裡，看清它確實很難。怕就怕，你把自己困在一個小圈子裡，就以為自己看到了全部的風景。

怕就怕，明明是你準備了一個又一個錯誤的答案，卻還去指責生活出了一道接著一道的錯題。

就像是語文考試，有道成語填空題：「一敗（ ）地」。

結果你填了「一敗（天）地」，然後還在試題上批註說：「老師，題目上的『敗』字錯了，應該是『拜』。」

好不好笑？

一位心理學家講過一個特別荒誕的故事。

說是一個女孩的父親去世了，在葬禮上，她偶然看到了一位風度翩翩的男子，並對其一見鍾情。沒過多久，女孩的姊姊就被人殺害了。警方縝密偵查之後，終於找到了凶手，竟是這個女孩。

她為什麼這麼做？

答案居然是，她想要再製造一場葬禮。因為她偏執地認為，只有在葬禮上才能見到那位風度翩翩的男子。

很多人會覺得「這是不可理喻的」，是的，但凡是正常人都會這麼覺得。

然而，在我們的現實生活中，類似的毫無邏輯的錯誤卻在頻繁發生。

比如，覺得自己都已經道歉了，對方就應該立刻無條件地放下成見，既往不咎。一旦對方沒有立刻回應「沒關係」，那麼對方就是小心眼、沒度量。

可問題是，道歉的意義從來都是「承認自己錯了」，是不帶任何偽裝和條件地對後果負責，而不是「你得原諒我」。

又比如，覺得自己是在為對方著想，對方就應該對自己感激涕零，最好還能言聽計從。一旦對方表現出不滿或者反對，那麼就認為對方是缺心眼、沒良心。

可問題是，「為了你好」成立的前提是當事人覺得好，而不是你覺得好。你只是打著「關心」的旗號，實際卻是讓人鬧心。

就像很多人抱著對孩子負責的態度，為了改變他的惡習而惡語相加，甚至是拳打腳踢。孩子挨揍了還得感激他，否則就是逆子，就是自己欠揍。

可問題是，如果痛揍一頓就能改變孩子的想法、行為習慣，那不妨把這麼想的人也揍一頓，看他的想法會不會改變。

在道德上勝券在握的感覺固然很好，但這會讓人掉入思維的盲區，人會盲目地認為：自己的想法接近真理，自己的說法等同於事實，自己的做法代表了正義。

就像在小說《烏克蘭拖曳機簡史》中，父親禁止女孩化妝時的詭辯是：「假如所有女人都往臉上塗脂抹粉，想像一下，就不可能再有自然選擇這一說了。其不可避免的結果是物種的醜化。你不會願意讓此事發生的，是吧？」

就像病人焦慮地對醫生說「你把手術刀落在我的肚子裡了」，而醫生卻笑著安慰道：「沒關係的，我還有一把。」

近期看到的最假的一句話是：「後來終於明白，生活中的自己為什麼不招人待見了，因為不夠虛偽，因為嘴不甜，因為不會拍馬屁，因為不會睜眼說瞎話。」

簡直無語！這還不叫睜眼說瞎話？

你不招人待見，是因為你事實上沒有什麼拿得出手的優點；是因為你待人處事上沒有分寸感；是因為你刻薄嘴賤，壞心眼還多；是因為你暴露了自己教養和品德上的不足；是因為你炫耀了自己根本就不具備的品質或能力；是因為你自命不凡而事實上無足輕重，是因為你忘記了自己也虛偽、虛榮，也拍過馬屁但拍在了馬臉上，也試過嘴甜但被人拒收了；是因為你睜開眼睛只看得到美圖軟體美化過的自己。

都說「被誤解是表達者的宿命」，但需要補充說明的是，不被認同、不被理解、不被接受不等於「被誤解」，因為你很有可能在事實和邏輯上就是有問題的。

比如我們經常會聽到一些看似正確的「歪理」：「你們女人打扮不就是為了給男人看的嗎？」「一個巴掌拍不響，你不惹他，他怎麼會打你？」「你要感謝那些傷害你的人，是他幫助了你成長！」「你是男的／有錢人，當然該你請客吃飯。」「不就開個玩笑嗎？至於這麼當真還生氣了？」

換句話說，真正困住你的，根本不是職場上的小人，令人討厭的壞人，以及玩權術的別人，而是不斷原諒自己錯誤的你自己。

真正讓你難受的，根本不是那些比你好看、比你有錢、比你有趣、比你外向的人，而是把自己捧成聖人的你自己。

當你覺得別人都不對的時候，那極有可能是你錯了；當你覺得所有人都是傻瓜的時候，那多半是你傻到家了。

有個有趣的觀點：「我們不需要知道電子遊戲是什麼，它會不會造成近視，會不會讓人上癮，我們只是需要一個背黑鍋的背鍋俠，一個可以掩蓋家庭教育失敗、學校教育失效的東西。它現在叫遊戲，之前是早戀，是偶像，更早之前是武俠小說。」

類似的謬論是：「我不管自己說的有多蠢，做的有多荒謬，想法有多幼稚，我只知道自己有一個正義的目標，有高尚的動機，有合理的需求，所以我逼你捐款是對的，逼你早婚早育是對的，逼你讓座、換座是對的，逼你借錢也是對的。」

這種人的三觀已經到了堅不可摧的程度。一旦認定了三加七等於十，則十就只能由三加七來完成，二加八是不對的，一加九也是可笑的。

他的反應永遠是「你的想法太簡單了，我早就看穿了一切」；他的結論永遠都是「肯定是你不對，我是正確的」；他的語調永遠都是「這都怪別人，我是無辜的」。

他哀怨的永遠是自己努力的瞬間，根本看不到別人也在熬夜；他看到的永遠是自己正義善良的一面，根本意識不到別人也懂仁義道德。

他腦子裡永遠能清晰地記得別人應該做什麼，根本不會想一想自己做了什麼；他的價值體系中永遠都是別人虧欠自己，根本不會覺得自己做錯了什麼。

別人憂鬱，就不屑地說「跟屁一般大的事」；別人上進，就笑話他「累得像隻狗」；別人貪玩，就輕視他「將來肯定沒出息」。遇見地位比自己高的人就懷疑他們的品德，看到地位比自己低的人就蔑視他們的素質。

他替那些功成名就卻被爆出家醜的人感到可憐，替那些傾國傾城但還沒嫁出去的人感到著急，替那些富可敵國但長得不好看的人感到可惜，然後事不關己地說：「他們好可憐啊，幸虧我的家醜沒有曝光」「她們大概是不會遇到真愛了」，然後，一邊「哈哈哈」，一邊說「我好無聊」。

反正不管怎樣，他都能居高臨下，或是心安理得，或是沾沾自喜。

這和魯迅先生筆下的阿Q簡直如出一轍。打架吃了虧，他卻安慰自己說：「我總算被兒子打了，現在世界真不像樣……」於是他心滿意足了。

概括來說就是：自尊自大又自輕自賤，爭強好勝又好逸惡勞，敏感小氣又麻木健忘。

事實上，我們每個人都是無知的，只是無知的地方不一樣罷了。

向十個人告白，但都被拒絕了，你才知道自己魅力有限，不是別人眼拙；向十家公司投履歷，但沒有人理自己，你才知道自己的能力有限，不是運氣不好。

所以，凡事多一些換位思考，換位做事，換位做人，而不只是指責別人。

你要努力從「正義的使者」「智慧的代言人」「真理的化身」「被迫害者」等自戀、自憐的角色中走出來，站到自己的對面，變成旁觀者，甚至是路人，然後再來審視自己的言行，修正它、調整它、完善它，以期最大程度上接近事實和真相。

雖然大家都是第一次光臨人間，但還是希望你能像這是第二次來那樣，知道自己第一次來的時候做錯了什麼。

13 最高級的教養，就是時刻替別人著想

說到教養，我第一個想起來的人是唐半仙。

唐半仙的大名叫唐贈，因為經常被大家喊成「唐僧」，她乾脆就自稱為「唐半仙」。

她是個很純粹的人，和小朋友玩的時候，她像個小朋友；和小狗玩的時候，她像隻小狗。

她十三歲那年去姑姑家做客，見到四歲的小表弟，別人都是徑直過去摸摸他的腦袋、捏捏臉蛋，唐半仙卻非常正式地和小表弟握了個手。

當天還發生了一件「大事」，姑姑為了宴請大家就宰了一隻自家養的公雞，表弟知道後，哭得聲嘶力竭，因為這隻公雞是他從小餵大的。就在大人們連哄帶吼地讓表弟「別再鬧了」的時候，唐半仙下樓去買了一隻肉雞，並跟姑姑宰殺的那隻做了交換。

然後，她左手拎著雞，右手牽著小表弟，下樓去找了一個僻靜的林子，把公雞給埋了，還和小表弟一起給公雞磕頭作揖。

有個親戚問她：「只是一個四歲小孩鬧情緒而已，你至於搞得這麼認真嗎？」

她回答道：「雖然他只有四歲，那也是個有了四年人生經驗的小孩，就應該去尊重！」

唐半仙的腦袋很靈活，但她從未把這種聰明勁用在損人利己的事情上，而是不動聲色地化解尷尬。

有一次，她和幾個同學去敬老院做義工，清掃工作完成之後，大家陪著一位老太太打麻將。牌剛拿好，老太太就率先出牌了：「三帶一！」

「啊？」就在大家都懵住的時候，唐半仙不動聲色地扔出去四個麻將牌：「管住。」然後大家默契地用麻將玩起了鬥地主（編註：中國人發明的一款紙牌遊戲）。

還有一次是社團活動，十幾個人到公園踏青，結果發現附近有個新開的遊樂場，門票是一位一百五十元人民幣。他們就臨時決定去遊樂場玩。這時候，有個女生態度堅決地說她不去遊樂場，說了好幾個聽起來很勉強的理由。這時候，唐半仙開口了：「我也不想去，那我們倆就在公園裡閒逛吧！」

後來大家才知道，不想去的女孩是因為家境不太好，對於每個月生活費只有四百五十元人民幣的她而言，一百五十元人民幣的門票顯得太過奢侈了。

教養是什麼呢？就是臉上和心裡時時帶著尊重，又不輕易被人察覺；就是讓別人覺得舒服，同時自己並不覺得委屈；就是放下自己的偏見，用心地體會別人的真實需要和請求。

有教養的人不會把別人的痛苦當成茶餘飯後的談資，然後在微博或者社群網站裡胡亂點評。

不會把鏡頭和麥克風對準痛苦的當事人，然後一遍一遍地追問細節和感受，一次一次地逼著當事人承認痛苦或者難過。

不會將某某去世的事情用於炒作自己的保健品或者保險，然後一邊賺著錢，一邊抹著淚。說的話倒挺像是在追思逝者的，做的事情卻像是在赴一場盛宴。

有教養的人在公眾場合會注意自己說話的音量，在家裡會避免製造多餘的雜訊，他放置書包或者鑰匙、關門或者脫鞋、走路或者吃東西的時候總是安安靜靜的。

有教養的人從來不插隊，從來不狡辯，也不會忘記規矩，就算「老弱病殘孕婦博愛座」在他旁邊空著，他也選擇站著；就算馬上要遲到了，他也會規矩地站在安全線以外的隊伍裡耐心等候。

他絕不像某些超級差勁的人：自己不美好，還見不得別人好；自己睡不著，還不讓別人好好睡覺。

在有教養的人身上，我們會感受到尊重，能看見細節和分寸感，能得到包容和理解。

在缺乏教養的人身上，你的勇敢會被視為「沒長腦子」，你的見識會成為「迂腐」，你的機智可能是「賣弄」，你的質樸會成為「土氣」，你的溫和會被說成「諂媚」。

事實上，一個人越有教養，看到別人身上的優點和難處就越多，看到的世界就越美好；相反，一個人內心越醜陋，看到別人身上的缺點和笑話就越多，看到的世界就越扭曲。

下午見到趙帥時，他正對著手機「嘎嘎」地樂，我問他樂什麼，他說中午午睡的時候做了一個挺流氓的夢。我問他怎麼流氓了，他繼續「嘎嘎」地樂，說不想告訴我。

過了半小時，他的表情從「春光蕩漾」切換成了「風雨交加」，然後不安地對我說：「老楊，怎麼辦？我的女神把我封鎖了。」

原來是這樣，他的女神在一個群組裡秀了一張美美的照片，結果這傢伙連發兩則評論：「你的鼻子整過形吧？」「修圖太過頭了。」

隔了一會兒，他的女神回覆他：「你要是不會說話可以不說。」

他這才意識到說錯話了，就趕緊道歉，可他很快就發現自己被封鎖了。

趙帥對我說：「你說她是不是早就想封鎖我，所以我說點實話就被她封鎖了？」

我笑著說：「你真的想多了，封鎖你這種嘴賤的人，哪裡值得她這麼處心積慮？」

他又問：「可是，我都道歉了啊！」

我回答道：「既然你單方面『宣戰』了，就別想單方面議和。不分青紅皂白就批評對方的是你，態度誠懇跑來道歉的也是你；讓人難堪的是你，一句對不起就想換來原諒的也是你。你一個人演完《水滸傳》又來演《紅樓夢》，你考慮過對方的感受嗎？」

我想說的是，在別人釋懷之前，你說的「對不起」只會讓人加倍討厭你，因為這三個字只是襯托了你的高尚，卻突顯了別人的狹隘。可問題是，挑事的人是你，最後顯得不懂事的卻是別人，憑什麼？

我還得提醒你一句，但凡是女生非常認真地公開照片，哪怕是做個鬼臉、翻個白眼，哪怕只是個背影，只露一隻胳膊，你要麼就不評論，要評論就記得挑好聽的說，這不是虛偽，而是起碼的教養。

你可能不知道的是，為了在社群動態發一張美美的照片，她有可能特意去洗頭、化妝，擺了一堆造型，拍了幾十張照片，然後辛苦地修圖了無數遍，才選出這麼幾張。結果你一句「修圖修得太明顯了」，就足以毀掉她一整天的好心情。

多數人的心理都是這樣的：如果你說我的照片好看，我就會謙虛地說「沒有啦，其實是修圖處理的」，但如果你直接說我的照片是修圖修出來的，我就會正經八百地討厭你。

類似的還有，如果你誇別人的成績很優秀，對方就會謙虛地說「只是運氣好而已」，但如果你直接說他的好成績都是因為運氣好，那他可能就會反擊你：「為什麼你的運氣一直不好？」

不封鎖你這種口無遮攔的人，你大概就不會知道：長得很好看的人脾氣也很大！

退一百步說，就算你說的那部分是事實，但事實就可以不經當事人允許就昭告天下嗎？

退一萬步說，就算那照片裡只有十分之一是她本人，那就是她本人。就像果汁裡只要有十分之一是真的果汁，它就可以對外宣稱是果汁。合理合法。

個人建議是，說話還是禮貌一些，畢竟不是誰都是你以為的那麼和藹可親。

在一個小圈子裡聊天，你至少應該做到這樣：傾聽時不著急辯解，說話時不有意冒犯。

放得開不是你隨便評論的理由，低俗趣味不是你亂開玩笑的藉口，口無遮攔掩飾不掉你沒教養的特質。

「關係好」不等於「什麼都可以說」，「生氣」不等於「開不起玩笑」，「我不是故意的」不等於「你沒錯」，「我沒有惡意」不等於「能夠避免產生傷害」。

比如不久前，我就聽到了一個不怎麼好笑的笑話。

一個女生的包裹被快遞員弄丟了，幾番交流之後還是沒找到，兩個人的語氣都越來越惡劣，最後，快遞員暴怒，在電話裡對女生吼道：「我知道你家的地址，你信不信我明天去弄死你？」

女生趕緊掛了電話，然後向快遞公司打了投訴電話。結果客服告訴她：「你別往心裡去，他就是隨便說說，不會真的弄死你。」

事實上，不管你怎麼提醒對方「別往心裡去」，別人聽完之後往往只有兩種結局：

一是往心裡去了，二是非常往心裡去了。

關於教養，作家梁文道曾在一次演講中舉過一個例子。

假如有人說「某某真了不起，活得像陶淵明一樣」，他的意思是：「某某像個品行高潔的隱士。」

第一種沒教養的人是學識不夠的人，他會打斷別人的講話，然後當眾發問：「陶淵明是誰？」

第二種沒教養的人會嘲笑發問的人：「天哪，你居然連陶淵明都不認識。」

第三種沒教養的人則會炫耀自己。他會當眾說出陶淵明的生平、事蹟，然後背誦幾句陶淵明的詩詞。

而有教養的人則會繼續之前的談話，倘若與提問的人關係不錯，他會私下跟他聊聊陶淵明是誰。

有教養的人會忽略一些外人對自己言過其實的讚美，同時也會忽略一些自己對別人過於苛刻的要求。

當別人犯錯時，他不會利用別人的錯誤來賣弄自己的見識。

當別人需要幫忙時，他不會因此來「賣弄」自己的優越感。

如果是送禮物給生活上有短缺的朋友，他的姿態會放得很低，以確保不會傷人；如果是給生活富足的朋友送禮物，他的姿態會放得很平，這樣才不會讓人覺得他是在討好誰。

不管是送，還是幫，他都會替對方把面子做足，不輕視、不倨傲，事後也不誇誇其談。

如果是朋友聚會，就算他能言善辯，他也樂於傾聽；如果有人被大家無視了，他就會主動去接話，不會讓這個人覺得自己是多餘的。

教養不是你一個人高高在上，而是你用自己的方式來讓別人覺得：「嗯，這個世界還是不錯的。」

如果「禮物」或者「幫助」會讓別人覺得「自卑」，如果「聚會」和「交流」會讓別人覺得「被孤立了」，那麼社交就失去了它原本的意義。

但我們身邊總是會有這樣的人：你要說他對你抱有多大的惡意，似乎又談不上；你要說他是故意找你麻煩，似乎也不算；但是，他們就像蒼蠅一樣抓著你腦中最難受的那根弦吹拉彈唱，不停地把你推向崩潰的邊緣。

要麼是揪著你的缺點和短處不鬆口，動不動就給你取外號、開玩笑，要麼是故意去孤立、鄙視甚至羞辱你。

更糟糕的是，羞辱別人的人，往往不覺得自己很過分，而那個被侮辱的人，卻會刻骨銘心一輩子！

我想說的是，在瞭解到實情之前，在搞清楚利害關係之前，不要動不動就給人扣上一頂難看的帽子，不要動不動就想扮演「拯救者」。

你不知道的是，一句輕描淡寫的指責可能會成為壓垮情緒的最後那根稻草，一個看似玩笑的評論可能就是輕輕一推的多米諾骨牌。

嗯，別學會了說話，就忘記了做人。

最醜陋的人就是時刻想要打壓別人的人，他無時無刻不在找碴，自然就成了多事者；而最有教養的人就是時刻替別人著想的人，因為時時刻刻都在要求自己，自然就能贏得尊重。

所以，對你身邊體重偏重、朋友偏少、成績偏差的人友善一點，對你身邊少言寡語、極度敏感的人主動一點，對你遇到的收入微薄、職業辛苦的人禮貌一點……

這些人可能花了巨大的勇氣才敢把自己放進一個人多嘴雜的圈子裡，他們非常努力地想要變好，所以你的一個微笑，一句問候，一次短暫的交談，對他們來說都是意義重大的事。

不論什麼關係，不論什麼場合，請切記：出言有尺，嬉鬧有度，做事有餘，說話有德。

共勉。

14 靜坐常思己過，閒談莫論人非

一天下午，我發了個社群動態：「仔細想一想，世界還是蠻好笑的。單身的人教戀愛的人如何談戀愛，未婚未育的人教已婚已育的人育兒技巧，不成功的人教成功的人如何成功。嘖嘖嘖。」

不一會兒，梅小姐就給我發私訊了，說她就是這樣——單身多年卻經常教閨密如何談戀愛，可就在昨天，閨密卻和她絕交了。

閨密最後一句話是：「我戀愛談得這麼失敗，全都怪你！」

梅小姐說：「我真的想不通，她談戀愛的時候吵架了，我一心一意地維護她，整日整夜地陪著她，甚至還幫她打電話罵她的男朋友。現在他們分手了，居然怪到我頭上了。」

她不理解閨密為什麼突然變得這麼沒良心，她也想不通閨密是什麼時候討厭她的。

我問梅小姐：「閨密找你吐槽她男朋友的時候，你是不是總勸她分手？是不是還幫她揪出對方的缺點有多少？幫她分析男朋友的哪些行為出格了，哪些事情做得不夠好？」

她說：「是啊，那個男生很不可靠，說話做事都非常幼稚，經常傷害到她，他們早晚會分的，我這麼做都是為了她好。」

我說：「我知道你是為了她好，但是你可能忘了，你自己是個長年單身的人，在感情的世界裡，你就是個新手新兵，你憑什麼教她在愛情的戰場上衝鋒陷陣？對她來說，你就是個樹洞，樹洞怎麼能講那麼多話呢？」

她向你抱怨，很可能是甜蜜的負擔，很可能是幸福的煩惱，很可能是偶爾的情緒作祟，很可能只是一時嘴硬。

她只是需要一個樹洞，把自己的糟心感受說出來，不用你來添油加醋，更不需要你來當人生導師。

至於對方是不是渣男，某個行為該不該原諒，這段感情值不值得維繫，這些都是他們倆的事情。

而且非常有可能，在她向你傾訴的時候，其實她的心裡早就有了答案。

可能是你說她男朋友壞話的時候，她就對你有意見了，哪怕她當時正在生男朋友的氣；可能是你幫她翻舊帳的時候，她就不那麼喜歡你了，哪怕是她跟你說「我想和他分手」；可能是你勸她「別那麼小心眼」的時候，她已經覺得你說得太過分了，哪怕是她主動來找你談心的。

嗯，沒有誰是突然不喜歡你的，只是你突然知道而已。

你賣力勸和，如果他們真的和好了，那也沒你什麼事了；如果他們分手了，那你就相當於把她往火坑裡推的人。

你賣力勸分，如果他們和好了，那留給你的就是尷尬；如果真的分手了，那你就是破壞他們感情的罪魁禍首。

再說了，如果她真的分了，你能負責給她一個男朋友嗎？

個人建議是，多傾聽，多陪伴，少幫她做總結，少幫她翻舊帳。

你只需要讓她知道，你和她是一夥的，不論她做什麼決定，你都會支持她，這就夠了。

同樣的道理：如果有人問你，該留在家鄉還是去遠方？你不必鼓吹遠方有多少詩意，也不必渲染家鄉有多少溫情。如果你有能力，就跟他分析一下兩者的利害關係，然後把選擇權交給他自己。

如果有人對某段戀情很執著，你不要三天兩頭勸他算了，然後說什麼「強扭的瓜不甜」，你該明白：他就是想扭扭看，根本不在乎瓜甜不甜。

如果有人痴迷於賺錢，你不要假裝清高地提醒他金錢太俗，然後說什麼「有錢不等於幸福」，你要搞清楚：他只想有錢了再說。

怕就怕：親戚找你幫忙替他家的孩子介紹工作，你在繁忙的工作之餘為他搜羅整理了大量的資料，又是指導，又是建議，最後他因為能力不足、資質不夠而未被錄用，結果親戚到處說你辦事不力。

朋友向你諮詢健身的問題，你用自己寶貴的休息時間向他逐一介紹運動器材的使用技巧，以及健身的種種好處。結果他花大錢辦了健身會員卡，卻只去過一次健身房，最後見到你就說：「被你騙了，辦健身會員卡純屬浪費錢。」

同事向你諮詢某款理財產品，你多方求證，給出了「風險太高」的結論。可他根本就沒聽，等錢都打了水漂，他卻跑來向你抱怨：「你當時為什麼不拚死攔著我？」

人性就是這樣：如果事情變好了，他就會把功勞算在自己的智慧、努力或者運氣上；但如果事情搞砸了，那這口大黑鍋就肯定是由別人來背！

對於這樣的人，我只想說：如果你在某天的某時某刻討厭我了，請千萬不要藏著掖著，不管是當面對我翻白眼，還是當場反駁我，當面制止我，又或者是長期不理我，甚至是乾脆封鎖我，請一定要讓我知道，不然的話，我總以為你是我的好朋友，以為自己賣力去做的都是你在意的事情，以為自己浪費的時間和睡眠都很有意義。

你一定有過這種經歷。

當時的你很難過，很沮喪，甚至還流了幾滴眼淚，你特別希望找個人聊聊天，但翻遍了通訊錄，你卻找不出合適的聊天對象。於是，你憋出了幾句很喪氣的話，配了幾張很喪氣的圖，發了一個很喪氣的動態貼文。

你本意是希望藉此宣洩情緒，是想被人關心一下，結果偏偏來了一個「精神喊話的」。

你這邊正躲在牆角哭，他卻在手機裡一遍一遍地喊你「站起來」，說的都是激動人心的口號，「不能哭，明天會更好」「別放棄，人定勝天」「別鬆懈，天道酬勤」……

可是，你沒說自己不努力，你只是在那一刻很喪氣，只是想喪氣一會兒，可在他看來，你是在墮落。

於是，問題變質了：因為他想當拯救者，所以你自然而然就變成了「有毛病」的人。

類似的還有，你累得快要趴下的時候，隨手轉發了一篇為自己打氣的勵志文章。結果來了一個唱反調的人。

他先是嘲笑了你的愚昧和幼稚，然後跟你說勵志文章的諸多不是，比如沒有邏輯、充滿欺騙性、成功案例不可複製，等等。可他根本就不知道你經歷了怎樣的內心糾葛，又是怎樣機緣巧合才藉由這篇文章避免了崩潰。

他不知道瀕臨絕境的你當時的心情，也不願意花一點時間來問問你需要什麼，他只是用居高臨下的姿勢來告訴你什麼叫「聰明」，然後以為這就是「關心」。

還有一種人簡直叫人失望。

他明明知道你很悲傷，不關心也就算了，他還興高采烈地玩著遊戲，甚至是低聲地哼著歌；你把心事一點一滴地說給他聽，他卻不鹹不淡地回應著。

他永遠不會在乎你的真實感受，你掏心掏肺地跟他說了一堆糟心事，他卻跑來問你：「我的鞋子好不好看？」「我新剪的髮型酷不酷？」「你覺得我和某某某有可能在一起嗎？」

他快樂的時候，就恨不得嚷嚷得讓全世界知道；你快樂的時候，他卻恨不得要把你的嘴巴縫上。

他沮喪的時候，恨不得把你的耳朵拴在他的嘴巴上，而你沮喪的時候，他卻像是聾了、瞎了。

這時候，希望你也不要太傷心。人與人交往要有底線：值得的人真心相待不辜負，不值得的人一笑而過不多說。

別跟他斤斤計較，也別跟他算帳，就當是不小心吃到蒼蠅了，別嚼就是了。

慢慢地你就會發現，「呵呵」是二十一世紀最偉大的發明。

再說兩個好玩的故事。

第一個是笑話。有三個人通過了第一輪的工作面試，被通知上二十七樓去見大老闆。進電梯之後，其中一個人在電梯裡跑步，一個人在電梯裡撞牆，一個人在電梯裡唱歌。

最後這三個人都被錄用了。

結果是：跑步的人認為是跑步讓自己錄用的，撞牆的人認為是撞牆讓自己錄用的，唱歌的人認為是唱歌讓自己錄用的。

第二個故事接近現實。A和B是同一個寢室的研究所學生，經濟上並不寬裕。有一次，透過朋友的關係，他們倆都免費拿到了兩張價值兩千元人民幣的總決賽球票。

A約了一個好朋友和他一起看球，度過了一個愉快的週末。B則是在網路上把兩張票賣掉了，發了一筆小財。

結果，他們倆都認為對方的行為很愚蠢。B理解不了「A怎麼覺得自己消費得起這麼貴的球票」，而A理解不了「B怎麼就意識不到這兩張票是免費的」。

你看，多數人都認為自己是對的，多數人都不理解別人的選擇。所以，即便真的有人在閉門思過，思的也往往是別人的錯！

換句話說，蒙蔽我們雙眼的不都是假象，還有可能是執念，是偏見。

比如，你認定了班裡那個長得好看的女生是那種不乾淨的人，那麼在你看來，她說話的聲音就難免輕浮，她的談吐就難免庸俗，和她打交道的人就難免道德敗壞。

你認定了在路口指揮交通的大媽是個喜歡找碴的人，那麼當你在等紅綠燈時，聽到她對你大喊大叫，你根本就想不到，她喊你，僅僅是想告訴你：「天氣太熱了，去大傘下面躲一躲。」

你認定了「評優名單」有問題，那麼就算把評比的規則、標準、資料統統擺在你面前，你還是會覺得「這裡面肯定有鬼」。

你發自內心地反感某個人，那麼就算他天天做慈善，你聽到他的名字依然會覺得難受，甚至連他喜歡的汽車品牌和衣服風格都一起討厭了，甚至連跟他喜歡同一個明星都覺得是一種恥辱。

人一旦認定了某件事，想法就會變得片面且固執。

就好比說，麻雀看到老鷹在雲端翱翔，心裡想的是：「飛那麼高不累嗎？掉下來可就慘了。」

就好比說，蝸牛看到羚羊一路狂飆，於是低聲嘆息：「早晚會死的，著什麼急啊？」

就好比說，青蛙聽說鮭魚逆流而上，於是咧著嘴巴笑：「哈哈，真是水產界的白痴。」

所以，我幾乎不會跟人爭辯「讀那麼多書有什麼用」「怎麼有人三十歲了還不結婚」「有些人為什麼那麼崇拜外國貨」「他那麼有錢為什麼捐得那麼少」之類的問題。

也不會回答「為什麼我瞧不起那些譁眾取寵的人」「為什麼有些人總是顯得那麼蠢」「為什麼每次受傷的總是我」這樣的問題。

如果有人偏要打破砂鍋問到底，我就會很明確地告訴他：「不好意思，就聊到這兒吧，我的手機只有百分之九十九的電了。」

15 手裡拿著錘子的人，看誰都像釘子

鴿子小姐跟我抱怨，說她的室友成天找她「鬥嘴」。只要她在寢室裡說話了，那個人就條件反射式地提出質疑，然後反駁。小到學生餐廳裡的菜好不好吃，老師講的課好不好懂，大到美國該不該發動伊拉克戰爭，輕輕鬆鬆就能把一次茶餘飯後的閒聊變成一場不歡而散的爭吵。

她舉了一個非常噎人的例子。大致是說，她吃飯從來不出聲，也不介意別人吃飯出聲。而她的這位室友卻喜歡出聲，神奇的是，室友居然介意鴿子小姐吃飯不出聲，還曾經非常明確地告訴她：「我真的特別不喜歡你，因為你特別矯情，吃飯都不出聲。」

鴿子小姐說：「我感覺她就是在故意跟我唱反調，總是找一堆歪理想要打壓我，可是根本就沒有一項是站得住腳的。」講到這兒的時候，她深深地嘆了一口氣，眉頭鎖得緊緊的，像是剛從一場惡夢中醒來。她接著說：「可是，就算我逐項指出她哪裡錯了，她依然是一副神氣十足的樣子，然後再說一些新的歪理來證明自己的觀點，振振有詞，就像她是個勝利者。真是氣死我了。」

我說：「她很有可能就是討厭你這個人而已，所以處處針對你。另外還有一種可能是，她習慣了在氣勢上打壓別人，而不是在道理上說服別人。所以，當她在道理上處於劣勢的情況下，要想取得勝利，就只能『耍流氓』了。結果是你覺得自己有一肚子的正義，而她卻依然覺得自己贏了。」

我補充說：「當然了，你也應該好好反省一下自己。比如是不是自己的話太多了，以至於忽視了別人的感受。如果不是，那你就應該問問自己為什麼要配合她，為什麼要跟她爭論個沒完？」

你想要討論的是某個問題的真相和本質，而她只是想要這場對話的勝利；你捍衛的是邏輯，她玩的是心情，根本就不是一回事。

就像是，兩個人準備切磋切磋，你以為是赤手空拳的比畫，是點到為止的遊戲，結果對方從腰間掏出了一把槍。

你還擺什麼造型？講什麼道義？跑啊，趕緊跑啊，保命要緊啊！

反正我這麼多年的生活經驗是：總是想要在言語上勝過別人的人，都不是什麼好人。有益的爭辯是互相交換意見，辨明道理，然後雙方能心平氣和地結束討論，而無用的爭辯則是各執一詞，互相蔑視，結果是互相浪費表情，不歡而散。

無用的爭辯常常是這樣的：一上來就否定，「你這不對，你那不懂」，然後找一些毫無說服力的證據，「我不這樣，我認識的人也不這樣」；後來發展成為「我覺得你有的地方說錯了」「我看不慣你誤導別人」；再發展成「你太囂張了，我看不下去了」「我想表達出強烈的不滿，但是不想被當作無理取鬧」；最後則陷入了「誰說最後一句誰就贏了」和「誰先逃跑誰就輸了」的怪象。

到這時，實質上爭論的已不是具體問題的對錯，而只是為了維護自己的立場和自尊心。所以雙方並不在意自己的論據是否正確、邏輯是否合理，只是想盡一切辦法證明對方錯了。這樣的爭論就徹底失去了探討的意義。因為即使對方知道你說的是對的，他嘴上也不會承認的，即便嘴上承認了，心裡也是「呵呵」。

人性的卑劣就在於此：如果某個錯誤是自己發現的，他還有可能會去改變；但如果某個錯誤是別人當眾指出來的，他就傾向於「將錯誤進行到底」。

所以我有一個描述得不太文雅的建議：對於那些凡事都想贏的人，建議你寬容一點。因為他一旦給出了「屎很好吃」的結論，那麼不論你怎麼解釋、怎麼證明，他都不會承認自己錯了的，反倒還會引經據典地證明「屎很好吃」。

如果你繼續跟他爭辯下去，他就真有可能抓著屎往嘴裡塞，然後面目猙獰地對你說：「你看，我都吃了，我就是覺得屎很好吃。」

為了證明自己是對的，某些人會格外拚命，甚至不惜搭上人品和道德。

我一直認為自己是個情緒非常穩定的人，直到在微博上遇到一個找碴的人。

他的第一句話是：「你寫的都是什麼垃圾文章？」

我本來是不想回覆的，但是一看都到了「垃圾」的程度，就問了一句：「如果我文章裡有什麼地方寫得不對，歡迎指出來。」

結果他說：「這種垃圾書誰還看得下去啊！我只喜歡尼采寫的哲學，還有卡夫卡寫的小說，像你寫的這種垃圾書，我不屑於看。」

我說：「你都沒看過我寫的書，為什麼覺得垃圾呢？」

他說：「你們寫書的人多數都是垃圾，寫的書當然也是垃圾，根本就不用看。你該多學學尼采的邏輯和卡夫卡的表現主義，少寫垃圾書！」

我瞬間就被他激怒了，然後絞盡腦汁敲出了一段毫無邏輯的回擊文字，但在發送之前，我被自己氣笑了。因為我突然意識到自己也變成了跟他一樣的人。

我刪掉了回擊對方的文字，收回了想要與其互嗆的念頭。雖然理智讓我放棄了一場無聊的爭辯，但心裡還是會覺得很不舒服。很顯然，我高估了自己控制情緒的能力，也低估了對方的破壞力。但我同時意識到，如果我調動自己所有的精力和對方開戰，那麼我必敗無疑，因為對方在這方面顯然是個作戰經驗豐富的高手。

當天，我發了一則微博：「不喜歡就不喜歡唄，不用告訴我怎麼樣才能讓你滿意。我是寫書的，不是捏腳的。」

這個世界有一個很讓人討厭卻也讓人無奈的規則，那就是「罵人者無罪」。

比如你在路上被人罵了，你衝過去把他的頭打破了，或者把他踹出了內傷，那麼你就得承擔法律責任，而罵人的人反倒成了受到法律和規則保護的受害者。

更煩人的是，罵人者不需要邏輯，也不需要證據，他們擅長於將自己腦補出來的事情凌駕於客觀事實之上。

他們只是看到了事實的五分之一，只理解了其中的十分之一，而且沒有思考，就做出了數百倍的劇烈反應。

他們只是習慣了攻擊別人，就像習慣了隨地吐痰一樣。

一篇文章看了個開頭就開始潑髒水，一個影片看了三秒鐘就開始惡意抨擊，又或者是一句話、一張圖片不對他口味就信口開河地罵，不管認不認識，不管占不占理，不管理不理解，更不管當事人有何感想，他們只想表明自己「到此一遊」了，然後在你的心裡放下一塊悶死人的石頭。

可是，當你誠惶誠恐地想要跟他討教的時候，卻發現他要麼早就銷聲匿跡了，要麼就純粹是一個到處開戰的情緒恐怖分子。

在網路的掩護下，他們肆無忌憚地把人性中最陰暗的一面呈現了出來，然後大肆發表毫無邏輯的歪理、毫無證據的謠言。

比如，他討厭某個明星，那麼只要影視劇作品裡有這個人，那麼他的第一反應就是給「壞評價」，不管看沒看過作品，先抹黑了再說。

比如，看到有人想跳樓自殺，他們不想著怎麼報警救人，反倒是惡毒地喊：「你倒是跳啊，嚇唬誰呢？」

比如，聽說了女生被猥褻，他們的第一反應永遠是「一定是這女的穿著太暴露了」；聽說學生被同齡人欺負，他們就冷嘲熱諷地說：「這學生長得就欠揍。」

對付這種人，最好的策略是「算了」。你抽一鞭子，他抽一鞭子，糟糕的情緒就會像陀螺一樣，永遠不會停下來。這種人任意開罵無非是為了吸引你，然後激怒你，這是他們在悲慘的現實中、失敗的生活中尋找存在感的重要途徑。

所以，你越理他，他就越興奮；你越生氣，他就越快樂。你和他對罵，就是在給他打強心針；就連封鎖他，都能讓他覺得自己很有價值。

關於這樣的人，中國相聲演員郭德綱有個段子說得很透徹。

我和科學家說：「你那火箭用的液體燃料不行，我覺得應該燒柴，最好是燒煤。煤還得選精煤，水洗煤不行。」

如果這時候，科學家拿正眼看了我一眼，那科學家就輸了。

不如就把這塊戰場留給他一個人自由發揮，你要快馬加鞭去更好的地方遊山玩水。

對付這種人，無視才是最狠的回擊。

如果你對每隻向你亂叫的狗都停下來扔石頭，那麼你永遠到不了目的地。

我最喜歡的作家之一王蒙曾寫過一篇名叫《雄辯症》的小故事。

大意是一位患了「雄辯症」的病人去看醫生，醫生非常禮貌地對病人說：「請坐。」

病人卻很不高興地回應：「我為什麼要坐？難道你要剝奪我的不坐權嗎？」

醫生無可奈何，倒了一杯水，說：「請喝水吧。」

病人說：「這樣談問題是片面的，因而是荒謬的。並不是所有的水都能喝，例如你如果在水裡攙上氰化鉀，就絕對不能喝。」

醫生說：「我這裡並沒有放毒藥嘛。你放心！」

病人說：「誰說你放了毒藥了呢？難道我誣告你放了毒藥？難道地檢署起訴書上說你放了毒藥？我沒說你放毒藥，而你說我說你放了毒藥，你這才是放了比毒藥還毒藥的毒藥！」

醫生毫無辦法，便嘆了口氣，換一個話題說：「今天天氣不錯。」

病人說：「純粹胡說八道！你這裡天氣不錯，並不等於全世界在今天都是好天氣，例如北極，今天天氣就很壞，颳著大風，漫漫長夜，冰山正在撞擊……」

醫生忍不住反駁說：「我們這裡並不是北極嘛。」

病人說：「但你不應該否認北極的存在。你否認北極的存在，就是歪曲事實真相，就是別有用心。」

醫生說：「你走吧。」

病人說：「你無權命令我走。這是醫院，不是警察機關，你不可能逮捕我，你不可能槍斃我。」

經過多方調查，才知道病人當年參加過文革批鬥的寫作班子，大概可能是種後遺症。殘酷的現實是：瞎貓不見得總能碰到死耗子，但秀才常常遇見兵。

肯定一件事情需要邏輯和證據，但否定只需要一句「反正我就是覺得你不對」。愛爭辯的人往往都是好勝心強而心胸又不夠豁達的人。他們一直活在自己的世界裡，早就習慣了別人的包容和忍耐，以致凡事都以自我為中心，會本能地去反駁一切，甚至根本不加思考。遇到這樣的人，千萬不要較真，也別想證明什麼，躲開就好了。

就像有人跟一個秀才說「三七等於二十八」，秀才非要糾正對方說「三七等於二十一」，結果吵到了公堂上，縣太爺給出的裁定是：「將秀才重打二十大板。」理由是：「他都三七二十八了，你還跟這種人爭辯，只能說明你更糊塗，不打你打誰！」

是的，有些人的見識只有一個巴掌大，那就別強迫自己跟他說明白江河湖海的事情。我的建議是，如果你發現了和對方不在同一個層次上，就不要硬聊了，也不用勉強自己和他做朋友，隔著一個西天取經的距離還能覺得對方有些神祕感，反倒舒心。何必要費力跑到對方的眼皮底下，彼此說著鬥氣的話，然後你看他不爽，他看你不爽呢？

這樣做的後果往往是，一個人覺得自己說得非常有道理，而另一個人會覺得非常煩。任何交談，如果沒有對基本事實的認同，就沒有繼續對話的必要性。因為雙方都停留在各自腦補的「事實」中，註定了會越聊越偏。

借金星（中國現代舞舞蹈家）的一句話說就是：「只管自己往前走。等你走到山頂了，他們還在山底嘴碎個不停，你享受日出日落的美麗景色，他們享受他們的唾沫星子，根本傷害不到你。」

同樣重要的還有，不要幻想那些因為誤解而攻擊你的人在發現真相之後，能夠良心發現地向你道歉。不會的。他們只會更加挑剔你，直到發現你的破綻和缺陷，然後再次攻擊你，以此來表明：「我對這個人的所有攻擊都是基於事實的。」

所以，逃吧。

如果對方因此認定了你是個大笨蛋，那你就好好地在他面前演個大笨蛋，反正閒著也是閒著，逗他玩唄！

哦，對了，還有一件很好玩的事情。

如果你有微博，而且閒得慌，你就可以在各種熱門事件的評論區看到很多「奇葩」的鍵盤魔人。這時候，點開他們的微博，大致瞭解一下鍵盤魔人的生活，你就會發現，沒幾個是混得好的。

他們共同證明了一個規律：但凡是喜歡評論別人的人，其生活的糟糕程度和他罵人的激烈程度，幾乎是成正比的。

16 如果要做聖母，請先以身作則

古時候，藥店門口會掛著這樣的對聯：「但求世間無疾苦，何妨架上藥生塵。」翻譯成大白話類似於在說：「只要你們一個個都能健健康康的，我這藥店不做生意也無所謂。」

現在的藥店門前則會用大喇叭無限循環播報：「會員優惠日，第二盒半價。」乍一聽會以為賣的不是藥，是蛋捲冰淇淋。

那麼，是不是古代的藥店就比現在的藥店高尚？是不是我們就有資格去要求一個合法經營、自負盈虧的藥店也像古人那樣「不吵不鬧不炫耀」？

當然不是！

在這個自顧不暇的年代，我們只能嚴格要求自己，而不是理直氣壯地去強迫別人；我們只能盡自己所能去造就一個清白、乾淨的人間，而不是強迫別人純良和無私。

最可笑的莫過於，要求這個世界纖塵不染的人，他自己卻是骯髒不堪的。

先說一個叫人傷心的真事。

故事的主人翁叫簡稚澄，是一名女獸醫。因為喜愛小動物的緣故，從獸醫系畢業之後，她選擇在一家流浪動物收容所工作，這一做就是七年。

在開始工作的第一天，她知道了一個從未出現在課堂上的駭人真相：收容所不僅要收養、救治小動物，還要讓一部分長期無人領養的小動物安樂死。

她最初非常不理解：為什麼本該是流浪小動物生命守護神的獸醫，卻要扮演剝奪牠們生命的死神的角色？

直到她慢慢發現，僅僅三個月的時間，收容所就收到了一千七百多隻被人棄養的小動物。而她所在的收容所僅僅只能收養三百隻小動物。如果小動物常年被關在擁擠的空間內，不僅得不到很好的照顧和救治，而且還會提高小動物互相撕咬和交叉感染的機率。與此同時，收容所極其有限的人力、物力和財力都難以支撐嚴重超載的局面。也就是說，收容的小動物超載越多，牠們的生存環境就會越惡劣。因此，將小動物處以安樂死是不得已而為之的事情。

第一次在前輩的帶領下把致命針管扎進小貓體內時，簡稚澄哭了一整晚。之後，她開始拚命工作，替收養來的小動物精心美容、拍照，然後發布到網路上，她不遺餘力地宣傳「領養代替購買」的方案，以期為這些小動物找到新主人，然而收效甚微。因為被人領養的動物數量遠遠低於被人棄養的數量。

擺在她面前有兩個選擇：要麼離開這裡，換一個舒心的工作；要麼自己動手，狠心地送牠們上路。

她選擇了後者。在她看來，不是她，就是別人，總得有人來做這件殘忍的事情。既然如此，不如自己來，至少能讓牠們走得很安詳。

於是，她每週都會和同事一起，替那些上了「安樂名單」的小動物加餐，帶牠們玩耍，最後再把牠們抱上手術台……她甚至還在收容所裡豎了一塊「獸魂碑」，以便為逝去的動物們祈禱。兩年多的時間，她送走了七百多隻無人認領的小動物。

後來，有人在網路上披露了這件事。一時間，討伐和咒罵聲鋪天蓋地而來。有人叫她「女屠夫」，質問她怎麼就下得了手。有人喊她「冷血劊子手」，質問她為什麼喪盡天良。

她做出過澄清，也用力地解釋了為什麼要執行安樂死，可根本沒有多少人聽她的苦衷和迫不得已，網路上的討伐聲不減反增。

最後，剛剛結婚度完蜜月的簡稚澄因無法承受巨大的壓力，獨自用給動物安樂死的藥，結束了三十二歲的年輕生命。

在遺書中，簡稚澄寫道：「生命並沒有不同！」她選擇了和那些小動物一樣的死法，她想用死亡來讓世人明白：人類的生命和那些動物的生命沒什麼不同。

沒有誰比她更愛那些小動物了，也沒有誰比她更尊重那些可憐的生命了，更沒有誰承受過她「下毒手」時所承受過的痛苦。可那些什麼力氣都沒出過、什麼痛苦都沒受過的「愛心人士」卻根據自己的好惡和想像，站在道德的高地上對她狂轟濫炸。

可真相是：殺死這些小動物的不是女獸醫，而是那些棄養牠們的人；殺死女獸醫的也不是毒藥，而是口水。

我想說的是，如果你真像你表現的那麼善良，就請你善待你家的小動物，做一個有責任心的「鏟屎官」，護其一生周全。然後用心去勸告你身邊的人，不要輕易拋棄小動物，因為「棄養」差不多就是「送牠去死」。

如果你真想為那些小動物做點什麼，你可以慷慨地提供財力、物力、人力上的幫助，哪怕是關注著然後默默鼓掌，哪怕是沒有能力幫忙但盡力讓更多的人知道有這些棄養的小動物，而不是用你那廉價的正義去刺傷那些正在為此努力的人。

不要總想著用自己的正義去打敗別人的正義！

只有當你功成名就、身邊堆滿了各種誘惑卻依然能坐懷不亂的時候，你才有資格說自己是個「老實人」。

只有當你做到了以身作則、在見識了諸多亂象卻仍能保持善良的時候，你才有資格說自己是個「好人」。

換句話說，發現別人的不完美，然後指責別人不夠無私和高尚，其實並沒什麼值得驕傲的。但是，如果你能發現自己能力上的不足、思想上的卑劣，倒是挺值得表揚的。

己所不欲，勿施於人；己所不能，勿責於人。滿口仁義道德的人未必真的能做到，不提真善美的人也未必就沒有。

生在人世間，其實每個人每天都在參加各種各樣的「道德考試」，有人零分，有人五十九分，有人八十分，也有人九十九分……這些都很正常。

可是，總有那麼一小撮人，不管他自己得了幾分，總能理直氣壯地指責別人：「你為什麼沒有得滿分？」這種人傲嬌的程度，對應的是他愚昧的程度！

敢問一句，你站在道德的高地上，不覺得冷嗎？

有個做代購的大二女生跟我說，她的口紅被一個室友拆封了，還用過兩次，但室友捨不得花錢買，還解釋說「就是想試試看」。當做代購的女生去找這位室友索要賠償的時候，居然被全寢室的人排擠，說她小家子氣，勸她「注意維護集體的團結」。

她憤憤地說：「口紅放在我的抽屜裡，抽屜是關上的。我沒有在她們面前炫耀，更沒有允許她們擅自使用。她們每天過著追劇、遊戲、購物的美好生活，根本就看不到我做代購有多辛苦，她們也不知道買這兩支口紅的錢我需要花一兩個星期的時間才能賺回來，現在居然要求我大方，還指責我小氣。你覺得我錯了嗎？」

我回覆她說：「你沒錯，而且你的要求合情合理。如果室友們真的大方，她們可以幫她付帳，而不是要求你大方。」

沒有下限的那種大方，沒有也行；全員都不講原則的集體主義，不要也罷。

有個年輕的外科醫生跟我說，他拒絕了為一位愛滋病帶原者做手術，結果被一群人問候了祖宗十八代。

他說：「每個醫生都曾以希波克拉底之名起誓，肯定是願意救死扶傷的。但是，醫生除了是醫生，我們也是父母的子女、兒女的父母，和普通人沒什麼差別。在面臨手一滑就有可能喪命的危險時，難道就不能膽怯嗎？」

大概是怕我不理解，他解釋了一下做這類手術的危險性：「做手術的時候切到自己的手是很高機率的事情，而且不論是什麼級別的防範措施，鋒利的手術刀都能輕易地切開。所以，在沒有足夠的設備和經驗的前提下，替愛滋病患者做手術，其危險性不亞於跳進有鯊魚的泳池裡游一圈。」

他說：「在我們醫院，事實就是做這類手術的硬體條件不足，而我本人也沒有做這類手術的經驗。但是病人和不瞭解情況的人根本不管這些，他們只是覺得醫生的天職就是救死扶傷。你覺得我錯了嗎？」

我回覆他說：「你沒做錯什麼。救死扶傷是醫生的天職，但送死不是。」

我們都是受過教育的人，既理解高尚的含義，也讚揚高尚的行為，但不能用道德來要求他人高尚。

要請人幫忙，就要站在對方的立場上思考問題。否則的話，那就不是「請求」，而是「威脅」。

世界上最招人煩的一類人是：他連事情的前因後果、利害關係都沒弄明白，就跑出去要求別人慷慨、高尚。

道德綁架的人有一個非常普遍的特點是：慷他人之慨。

敢說「你們有錢人怎麼不把錢捐出來做慈善」的人，他自己很可能是一個一毛不拔、身無分文的窮光蛋。

愛說「你真是浪費，買那麼貴的東西和我買的便宜貨有什麼區別」的人，她自己很可能沒有用過她鄙夷的「貴東西」。

總說「大媽跳廣場舞太正常了」的人，高音喇叭很可能不是擺在他家門口。

勸你「別跟小孩子一般見識」的人，摔壞了的玩具和擺件不是他花錢買的。

喜歡說「因為你是……，所以你就應該奮不顧身」的人，那是因為他並不需要承擔風險。

所以，你只須做好兩件事就夠了：知道什麼是對的，然後堅定地去做；知道什麼是更好的，但不強迫別人去選。

葡萄吃到嘴裡了，才有資格說它是酸的；設身處地替人著想了，才有資格說感同身受。

不是早就有人說了嗎？道德用於自律時，好過一切法律；道德用於律人時，壞過一切私刑。

都是幼稚園畢業才十多年的小朋友，誰還不會賣個萌？

來，跟我一起說：「不聽不聽，王八念經！」

想起一個問卷調查，是關於愛滋病的常識問答。

調查的結果顯示，百分之九十五以上的人都能答對問題，知道愛滋病不會透過空氣傳播，但在最後，當問到「是否願意和愛滋病感染者一起上學或者工作」的問題時，百分之九十以上的人選擇了「不願意」。

我可以理解，恐懼不代表歧視，但我想提醒你的是，誰都會恐懼，不只是你。

在現實生活中，很多人往往是用聖人的標準來要求別人，用小人的標準來「規範」自己。

什麼叫有道德？私以為：一，不做假好人；二，不做偽君子。才配叫有道德。

什麼叫假好人？就是自己解決問題的行為、態度和方式都極其荒誕可笑，卻還跳出來指責受害人的種種不是。

什麼叫偽君子？就是當事實對自己有利，就強調事實；當法律對自己有利，就援引法律；當道德對自己有利，就鼓吹道德；以上對自己都不利，就敲桌子。

這就好比說，你不小心掉進了水裡，而且還不會游泳，結果站在岸邊的人不僅不來幫你，還無比平靜地對你說：「如果你不亂動的話，早晚就會浮起來的。」

他才不會在乎你是一個快要溺水身亡的人。

所以，對付那些逼著你做聖人的人，請背熟一副「著名」的對聯吧。

上聯是：忍一時風平浪靜，你怎不忍？

下聯是：退一步海闊天空，憑啥我退？

橫批是：請你閉嘴。

勸服別人最有效的方式不是武力威脅，更不是道德綁架，而是堅持做你自己認為正確的事情；貫徹正義最重要的條件不是嗓門大，更不是道德高尚，而是自己變強大。

正如作家蘇岑在微博上所說的：「如果你是菩薩心腸，就必須得有獅子的力量。唯此才能保護至親、不被欺負、賺錢養家。不然你脾氣那麼好，別人眼裡就是沒骨頭。所以佛家既有笑到發癲的彌勒，也有手持降魔杵的韋陀。沒有金剛之怒，不見菩薩慈悲。」

所以，不要一頭栽進輿論的洪流中，在這個一不小心就成了「砲灰」的年代裡，自己要求自己，自己規範自己，就是對惡俗、醜陋最好的對抗。

所以，去健身吧，讓那些逼著你讓座的人、隨便插隊的人不敢隨便造次；去賺錢吧，讓那些催婚的人、對你的人生指手畫腳的人不好意思再指指點點；去努力變優秀吧，讓那些看不慣你的人拿你絲毫沒有辦法。

| Part 4 |

對不起，你的青春已餘額不足，且無法儲值

你想變優秀，但「什麼都不做」的那種舒服戰勝了「說到做到」的那種辛苦。
你想成為人生贏家，但「努力了沒有效果」的那種挫敗感超過了「我一定做得到」的那種篤定。
所以，你覺得自己不會變好、不能贏，
你開始接受「不變好也沒關係」「沒完成也問題不大」。然後，你在緊要關頭會選擇「算了，就這樣吧」。
最後，你在不如意的結局面前說「命不好，運氣不好」。
換句話說，對於讓你不滿的現狀，你既是受害者，也是同謀。

17 失敗是成功之母，成功卻六親不認

大學還剩兩個月的時候，阿豪每隔幾天就會給我發一堆訊息。

比如，喜歡的女孩子把他封鎖了，他連原因都不知道；家人因為一點小事就和他吵起來了，他覺得自己一點錯都沒有；寢室的某某特別嫌棄他，他覺得對方是瞧不起自己。

又比如，給三十多家公司發了求職信，居然沒有一家回覆他；一瓶豆豉醬就是他半個月的菜，五袋泡麵能熬一個星期；張開雙臂就能知道租來的房子有多大……

他恨自己沒天賦，沒顏值，沒背景，恨這個世界太功利，太麻木，恨自己沒有機會去做自己想做的事情。

出於好奇，我問他想做的事情是什麼。結果他說：「就是簡簡單單、輕輕鬆鬆地活著。」

我反問了一句：「然後呢？三四十歲的年紀還在最初階的職位上拿著最微薄的薪水，和剛剛畢業的年輕人一起被一個比自己小十多歲的人呼來喝去？」

我理解他為什麼會活得如此絕望和頹廢。無非是，他不願意用已知的辛苦去交換未

知的機會，而一心想走的那條體面、容易的道路卻始終找不到入口。

他的大學只是無聊地背答案以應付考試，然後他的追求僅限於「成績能過就行」。

他將大把的時間用在網路遊戲上，結果遊戲裡成了王者，但現實中依然失敗。

他對一般的小公司不滿意，而好的公司又看不上他；他對基礎的工作內容很抗拒，但需要創意的工作他又沒經驗……

結果是，他在美好的想像和殘酷的現實中間卡住了，只好給自己扣上「倒楣」「沒背景」「沒天賦」的矯情帽子，然後不情不願地頹喪著。

其實我要說的是，做廢物是需要極大的天賦的，像你這樣的普通人，只配努力活著！

大學的可怕之處不在於沒錢、沒朋友、沒成績、沒形象，而在於它看起來不像大學入學考那樣凶險和緊迫，而且混起來就像度假一樣舒服，所以危險往往是隱形的。

你幾乎不用承擔任何的社會責任，有大把的時間可以自由支配，身體非常好，可以談純粹的愛情，而且最重要的是，你的未來有無限可能。

它給了你很大的自由，但同時也在打磨你的銳氣，考驗你的耐心，消耗你的夢想。等到了畢業季，不管你有沒有成熟，都要被一起收割！

而那個功利的世界早就張開了血盆大口，正虎視眈眈地在校門口等著你。

那麼你呢？

你想像中的大學生活是：有很大的社交圈子、很多的朋友；有很熱鬧的社團和各式各樣的協會；能安靜地在圖書館裡看喜歡的書，能在自習室裡提升自己；能擁有一段美好而純潔的愛情，能擁有幾個和睦相處且志同道合的室友；然後沒有壓力地過每一天，充實並快樂著。

但你現實中的大學生活卻是：第十七週像是在上幼稚園，最後一週像是大學入學考前夕；異性很多，但你沒有戀人；很多開書考試，卻不知道答案在哪裡找；上課總是遲到、總是忘記帶課本，但手機從沒忘記過；聊天的還是舊日的老友，室友只是室友；在有限的人民幣中，無限地暢想未來；空虛並無聊著。

那結果自然是，這個城市，這所學校，這裡的人和事，都在欺負你，都在惹你不高興，都在找你的碴。

每個人的生活中都有大把的心酸和不滿，每一個都是讓人折腰的「好」藉口。

不要因為聽了幾個蹩腳的故事，你就誤以為運氣、背景、關係比努力更重要，然後放棄了努力；也不要等別人早都跑完兩圈了，你才慢慢吞吞地來到操場上，還誤以為自己跟別人是在同一起跑線上。

敢問一句：你背井離鄉卻不敢花力氣，是在潛伏做臥底嗎？

你背了那麼多的名言警句，只需要堅持一句，你的人生可能就有大不同。

怕就怕，你背熟了勵志的句子，卻依然過著頹廢的生活。

那我只能不客氣地說一句：腐爛的日子和糟糕的你，真是天造地設的一對。

鄭小熙大學剛畢業就結婚了，結完婚就生了孩子，生完第一個又生了第二個。畢業七年了，她沒上過一天班。

用一句話形容她的處境就是：夢裡還來不及交卷，醒來已是兩個孩子的媽。

這樣的生活要說清閒也清閒，相夫教子、做家事、看電視、逛街、買菜、做飯……可時間一長，尤其是兩個孩子相繼上學後，鄭小熙覺得越來越無聊。

她對我說：「我過上了那種一眼就能看到盡頭的家庭主婦式的生活，身邊的閨密都忙得有滋有味，只有自己閒得發慌。」

我安慰她說：「可能你羨慕別人忙碌的時候，她們正羨慕你的清閒呢！」

她說：「可是我越來越覺得自己是在混日子。我一直夢想著開一家咖啡店，可是我已經好幾年沒工作了，擔心自己和社會脫節了，又擔心現在去學經營管理太晚了。」

我說：「其實，你能把現在的家庭主婦生活過得舒心，那麼做家庭主婦和做老闆，相夫教子和管理公司，都一樣，都算成功，並不叫混日子。但是，如果你並不享受這種生活，並且你已經確認了夢想是什麼，而不是一時興起，不是一時抱怨，那就趁早開始，心有不甘地瞻前顧後才叫混日子。」

所有的「來得及」，前面都有一句「我相信」；所有的「來不及」，前面都有一句「我覺得」。

很多人的常態是：往前走，沒有把握，往後看，又看不到退路，所以只能是猶猶豫豫地往前邁一小步，然後慌慌慌張地回頭看兩次，就像是剛剛學會走路的小孩子，迫切地想要前面的糖果，又不太敢離後面的爸媽太遠。

那麼你呢？

是不是已經對那些曾非常渴望的東西無動於衷了？是不是意識到了人生的艱辛、命運的不公，然後你的內心麻木了，對生活認栽了，在任何事情面前都習慣性地退縮了？

是不是經常陷入自我懷疑的閉環中？前一秒是「我要離開這個鬼地方」，下一秒是「我還能去哪裡」；前一秒是「我要離開他」，下一秒是「我還能遇到合適的嗎」；前一秒是「我要離開這個舒適圈」，下一秒是「我適應得了新環境嗎」。

直到某一天，你被某個朋友刺激到了，或者是被豬隊友氣到了，你總算下定了決心，卻在執行的前一刻打消了，因為你又在想：「我這一大把年紀了，算了吧。」

於是，你所有的「我要」都變成了「算了」。

你在腦海裡列了很多的理由，為自己的「不勇敢」找藉口。

你自我安慰道：「雖然這個地方不怎麼樣，但別的地方也不一定更好」「雖然這個人很煩，但別人也不一定有趣」……

換句話說：你擔心害怕的事情那麼多，不是因為這些事情很難搞，而是因為你隱約覺得自己很差勁，你的焦慮和恐懼很大一部分是源自你的自知之明。

但我想提醒你的是，恐懼風險，就不要追逐成功；付出努力，就別再心存僥倖。你先要竭盡所能，然後再去聽天由命。

為了自己想過的生活，每個人都必須放棄一些東西，兩全之計其實非常罕見。

你想要自由，就得犧牲安全；你想要清閒，就可能沒有大眾眼裡的成就；你想要快樂，就不該在意他人的評價；你想要遠方，就得勇敢地離開你現在的安逸環境。

反正我個人的偏見是：仗著自己聰明就混日子的人都是白痴。

我知道，你特別擅長管理時間。

比如，你接到一個任務，就會將這項任務所需的時間精確地切分為十份。前九份時間用來愉快、悠閒地玩耍，等到第十份時間呼嘯而至的時候，你就嫻熟地將第十份時間再等切分為十份……以此類推，直到切不動了，你就開始變得焦慮、暴躁，然後廢寢忘食地趕工。

是的，不到最後一刻，你根本不知道自己的極限在哪裡！

上學的時候，你大概是這麼安排學習計畫的：星期一收假，應該緩衝一下，所以效率為零；星期二沒緩衝夠，繼續緩衝；星期三，一會兒微博、一會兒微信，效率繼續為零；星期四，開始期待週末的精彩安排，效率還是為零；星期五，想著反正要放假了，什麼事情等到下個星期再說。

工作的時候，你發現雨天適合在家睡覺，晴天適合出去走走，下雪天適合找朋友一起吃火鍋，陰天適合找個安靜的角落坐一坐。

是的，漫長歲月，竟然沒有一天適合讀書或者工作！

再來看看你每天都在幹什麼。

早上被鬧鐘吵醒，第一反應是看時間，以確認自己還能賴床多久。

然後過了不到十分鐘，你的理性擊退了「想死的衝動」，你再次睜開了雙眼。

在接下來的三十秒內，你那昏昏沉沉的腦袋裡發生了一連串聲勢浩大的「戰爭」，在銀行戶頭餘額的助威聲中，你的理性相繼戰勝了「想辭職」「想請假」「大不了遲到」等強大的敵人。

最後，你終於吃力地把自己從床上搬起來了。據性別、性格、收入、年齡和任務的不同，在接下來的三到三十分鐘時間內，你會把自己打理完畢，以達到能出門見人的標準。

你每天都活得很有原則。

比如某件事要麼乾脆不做，要做就一定要做到最好，但假如最終沒有完成，那就算了。

又比如，每個星期、每個月、每年都在喊「加油」，借用魯迅先生的兩本書的書名來說就是：一邊《彷徨》，一邊《吶喊》。

上午就像沒睡覺一樣，下午就像沒睡醒一樣，晚上就像打了興奮劑一樣。好不容易到了週末，你的鄰居總能適時地發出奇怪的聲音……

郵件還沒回覆，聚會還沒開始，新書還沒讀，似乎什麼都還沒做，突然發現，時間已經到了星期天的下午四點。

功利的世界永遠都會給努力改變的人以入口，也永遠都會給不敢改變的人以藉口。

如果你的空餘時間不是用於學習，你的精力都是用於應付「老好人」的角色，你的娛樂僅限於追綜藝和電視劇，你的熱情多數用於跟緊潮流和大眾的審美，你的執行力越來越差，僅僅滿足於小圈子裡的中下游，你自作聰明的評價越來越頻繁，對人對事的抱怨越來越多，你回想往事越來越密集，後悔的選擇越來越多……那麼，墮落就已經悄然發生了。

更糟糕的是，「再玩一會兒」「再拖一會兒」「再等一會兒」「再看一集」……聽起來都是不起眼的小事，但這其中攜帶的「妥協、懶散、拖延」的病毒，可能會慢慢地侵入你的五臟六腑，直達你的骨髓，讓你一輩子都直不起身來。

我的建議是，當你不得不完成某個讓你焦慮、備感壓力的任務時，最好的對策就是馬上去做。賣力地推進進度，勇敢地去嘗試，這個任務的進度條每前進一點，你的焦慮就會少一分。

千萬不要耗著、等著，這只會讓你在鋪天蓋地的焦慮中受盡煎熬。在餘額已經嚴重不足的青春裡，你更應該踏實地、耐心地去做點什麼。

人生往往就是這樣，做著做著就有出路了。

所謂「耐心」，就是你要像拓荒者一樣，就算面前一片荒蕪，就算你是第一個來到這裡的人，你也期待著這裡人山人海的那一天！

經常有年輕人問我：「活著有什麼意義？為什麼要讀書？為什麼要談戀愛？為什麼要結婚？為什麼要找工作？為什麼要努力？」

我解釋了一大堆，結果沒過幾天，他們又來問相同的問題。所以我後來直接告訴他們：「別問為什麼要做這件事情，先問自己做了什麼。」

其實我想說的是：很多你現在必須要做的事，或許要等到很久之後你才會明白是為了什麼；很多你現在覺得無聊的事，或許要等你做好了之後才會看到有什麼意義。

生活自帶「霸王條款」：如果你不努力，結局往往很糟，而努力了，結果也不一定如你所願。但努力的好處只有努力過的人才知道。

打個比方說，此時的你就像是在一個昏暗的房間裡洗衣服，很無聊，很辛苦，你可以偷懶，也可以很認真。沒有人會拿著鞭子抽你，全靠你的自覺。突然有一天，房間的燈亮了。偷懶的人耗費了相同的時間，但他看到的只是一堆沒洗的衣服，而認真努力的人看到的則是自己的勞動成果。那些被認真洗過的衣服會很乾淨地放在他面前，他就會覺得那段看似黑暗的日子沒有白費，會覺得那些辛苦很值得！

當然了，我還是希望你的人生有人慣著。但如果沒有，還是希望你能耐心堅持；如果不能，那就祝你有厚臉皮；如果做不到，還是祝你有人慣著。

怕就怕，你既沒有人慣著，也不能努力改變，同時還臉皮薄，然後還特別愛強調面子、尊嚴和快樂！

怕就怕，你把所有當前不想面對的瑣事、不敢去突破的難題都推到明天，然後還安慰自己說：「明天會更好。」你可想得真美啊！

最積極的人生態度莫過於：親手改變現在，而不是等著未來救援。

就像一個段子說的那樣：「人生在世，你只要知道兩件事：一，這世上絕對存在不需要讀書也很聰明，不需要努力也過得很好，甚至不需要錢就能快樂的人；二，那個人絕對不是你。」

失敗是不是成功之母？這個我不太確定，但我非常確定的是，成功經常六親不認！

18 不按你所想的方式去活，就會按你所活的方式去想

你覺得生活沒勁，新鮮事寥寥無幾，糟心的事卻又層出不窮，日子混得就像要穿過用狗屎擺的「地雷陣」，你不得不往前走，心裡知道「死不了」，但也知道「好不了」。

你覺得活得很無奈，很多選擇都違背了內心的想法。有的選擇你並不滿意，只是嫌麻煩；有的選擇你並不是為了贏，只是怕輸；有的選擇你並不是因為熱愛，只是怕別人說……

所以，你不情不願地扛著，不乾不脆地維繫著，不清不楚地努力著。

結果是，你當前的生活變成了：很不舒服，又不敢怎樣，也不能怎樣。

茜茜把同一句話發了八遍：「我是狂人皮埃洛，臉上塗得藍藍的，頭上盤著一長串炸藥，想要劃燃一根火柴的欲望像雲一樣飄過我的心頭。」

我隱約覺得不太對勁，就趕緊問她發生了什麼事。結果她從「為什麼要上大學」「為什麼要讀書」，一路問到了「為什麼要活著」。

起因只是她大學英語「掛」了，但比這更讓她崩潰的是：她突然意識到自己沒有奮

鬥目標，沒有理想，沒有動力，沒有愛好，做什麼都特別沒勁，整天就像行屍走肉一樣無聊發呆。與此同時，她又非常清醒地意識到大學時間非常寶貴，各種學雜費非常昂貴，父母非常不容易，社會競爭非常激烈……

她也試圖強迫自己去學習，可看了十分鐘的書，就不自覺地刷了半個小時的微博，然後牢牢地記住了哪部電影在哪天上映，哪個明星在哪天要過生日，哪個倒楣鬼因為哪件事情掉了多少粉絲，偏偏就是記不住讀書的那十分鐘讀了什麼。

她說她自從上大學之後，每天睜開眼睛的第一個念頭是：退學！縈繞在她心頭的總是莫名其妙的煩躁，不知道要幹什麼，書本就疊在旁邊，翻開到第八頁，過了一個星期還停在第八頁。

她說她開始覺得認真學習是很難的事情，但是上大學之前從來沒有因為學習而苦惱過。現在的她每天最忙碌的事情就是不斷地更新微博和社群網站，然後躺在床上想一些關於宇宙、命運、哲學、生死的問題。

她說這裡不是她喜歡的城市，也不是她喜歡的大學，學的也不是她喜歡的專業，身邊也沒有她喜歡的人。她說她既找不到學習的動力，也看不到人生的希望，更不知道未來在哪裡。

她問我：「老楊，我該怎麼辦啊？感覺好無力，感覺人生要完蛋了！」

我回覆道：「你更應該搞清楚兩個問題：一是你為什麼會在這個自己討厭的地方，

二是你憧憬的未來在哪裡？」

其實我想說的是，如果你想知道自己的過去是否合格，不妨問問自己對現狀是否滿意；如果你想知道自己的未來能否美好，不妨問問自己現在是否真的在努力。

一個人最大的不自由就是站在原地躊躇，然後認定自己已經無路可走了。但問題是，「不知道去哪裡」和「沒有選擇」其實是兩回事。

二十歲上下的年紀，誰都有迷茫的時候，都很普通、很平凡，不知道該怎麼努力，不知道要經歷多少次戰役，人生才能有翻天覆地的變化。但是，你認真地讀書，耐心地聽講，有規律地健身，帶著目的去學習和累積，當時可能並沒有覺得有什麼變化，但實際上你的人生已經開始不同了。

怕就怕，你去了一個你三姑覺得不錯的大學，挑了一個你大伯覺得好就業的專業；畢業之後，去了一個你同學認為有前途的城市，進了一家你學長覺得有實力的公司；在陌生的城市裡，你說著同事覺得正確的話，找了一個閨密認為不錯的戀人……然後慘兮兮地說「這不是我想要的生活」。

這當然不是，必須不是！

有一段廣為流傳的墓誌銘：「當我年輕的時候，我的想像力從沒有受到過限制，我夢想改變這個世界。當我成熟以後，我發現我不能改變這個世界，我將目光縮短了些，決定只改變我的國家。但是，我的國家似乎也是我無法改變的。當我進入暮年後，我發現我不能改變我的國家，我的最後願望僅僅是改變一下我的家庭。但是，這也不可能。當我躺在床上，行將就木時，我突然意識到：如果一開始我僅僅去改變我自己，然後作為一個榜樣，我可能改變我的家庭；在家人的幫助和鼓勵下，我可能為國家做一些事情。然後誰知道呢？我甚至可能改變這個世界。」

如果你暫時無力做出那種驚天動地的大事，那麼就懷著熱情做好眼前的小事。當懶惰、拖延、放棄的念頭出現時，不妨握緊拳頭提醒自己再堅持一會兒；覺得夢想遙不可及的時候，不妨先確立幾個小目標。比如，用心去結交一兩個好朋友，多去看些能豐富靈魂的書籍，規律地鍛鍊並照顧好自己的身體，有目的地儲備將來想要做的事業的專業知識……如此一來，即便大學是非常平淡地過完了，你也遠比同齡人要優秀得多。

你逼著自己再努力一點，生活才會對你溫柔一點，將來遇見的另一半就可能更滿意一點。

世界的運行規則就是：你變優秀了，其他的事情才會跟著好起來。

賀姑娘在一所明星中學教英語，工作忙碌，壓力超大，每天要忙到晚上十點多才能回家，可一打開微信就有一堆人找她幫忙。

這個人請她翻譯一句名人名言，那個人找她翻譯一下影片字幕，還有一些是生物學或者哲學的專業名詞，甚至是把中國古文翻譯成英文……她跟我說她快累死了，因為有的翻譯非常費時間，有的翻譯需要大量的考證，還有的翻譯是她根本就不會的。

她說：「別人都忙著脫貧，就我忙著脫髮。有時候真的是毫無痛感地就拔下來一把頭髮，當時心想，要是每一根都能變出一個分身就好了，一個負責對付那些調皮搗亂的學生，一個負責備課，其他的就專職給這些親戚朋友做翻譯。」

我問她：「那你拒絕過嗎？」

她說：「沒辦法拒絕，都是我的親戚和朋友，肯定是有難處了才會找我幫忙的。」

我又問：「那你告訴他們你非常忙、非常累了嗎？」

她說：「告訴他們這些，不就是變相地拒絕他們嗎？」

我無奈地笑了：「在他們看來，你如此和藹可親，有大把的時間和精力，同時還有很厲害的專業知識，他們不找你幫忙，簡直是對不起你！」

其實，你並沒有資格責怪別人得寸進尺，畢竟每次都是你自己先退一步的！

那麼你呢？你被「不好意思」拖累過嗎？

別人拒絕你的時候總是輕描淡寫，可輪到你拒絕別人的時候還是要下很多次決心，就像是犯了大錯。

幫別人的忙時比做自己的事情更加小心謹慎，甚至覺得是自己的本分；而自己從不會開口要求別人，因為擔心被拒絕；每次評論一件事要想好久的措辭，評論了怕朋友不開心，不評論也怕他不開心。

別人語氣稍微冷淡一點，你就會想著「是不是我惹他不高興了」。害怕對峙，害怕衝突；看似樂於助人，但並非出於自願；喜歡察言觀色，只是怕被人否定；很多時候，即使能力和時間不允許，你也會信誓旦旦地保證自己能做到。

你不敢表明自己的真實想法和看法，因為害怕尷尬，所以，你竭力避免跟任何人產生矛盾，不得不去做讓別人覺得舒服和喜歡的事情。

在這個過程中，你不斷地壓抑自己的真實想法和感情，不停地迎合別人，直到委屈爆炸，變成任何人隨時隨地隨便欺負的對象。

嘴裡每次都說「隨便」，心裡每次想的都是「那怎麼能行」；給人的態度是「樂意為你效勞」，內心卻在咆哮「你煩不煩啊」。

但你別忘了，當你對某個人說「Yes」的時候，你已經在事實上對其他人、其他事說了「No」。

我們生活在一個人情社會裡，免不了會「求人幫忙」和「受人之託」。

但我希望你能區分出「幫忙」和「縱容」的不同，幫人要幫那盡了全力卻依然無能為力的人，而不是幫只會堆著笑臉的「伸手黨」。否則的話，他會越來越習慣找你幫忙，並且覺得你理所應當要幫他的忙。

我不是要你鐵石心腸，而是希望你量力而行；要考慮自己的能力、時間和精力，要在條件允許的範圍之內去提供幫助，而不是不顧一切地滿足他人。

不要那麼痴迷於「好人」這種人設，很多人口中的「好人」，其實就是在說「你目前對我有用」，僅此而已。

來，以你崇尚的自由和熱愛的生命起誓：「再也不會為難別人，也不允許別人為難自己；再也不去討好那些無關緊要的人，也不接受無關緊要的人遞來的好心好意。」

網路上有個很紅的段子：「當你賺到一萬元人民幣的時候，你覺得蠻好的，不愁吃穿了；當你賺到十萬元人民幣的時候，你覺得錢不太夠花，買不起奢侈品；當你賺到一百萬元人民幣的時候，你覺得自己好窮，好車、好房都買不起……」

結果是，富有的人越來越努力，因為他不允許自己窮；而貧窮的人越來越安逸，因為他們「知足常樂」。

所以，我們經常看到，有的人渾渾噩噩地活了大半輩子，每天怪父母、怪社會，怪完之後繼續渾渾噩噩地活著；有的人工作上不思進取，嫌賺得少，但又沒本事，所以安慰自己說「人生苦短，別把自己逼得太累了」。

有的人交了湊合的朋友，一個來了，一個又走了，因為沒有能力留住朋友，所以開始羨慕小說裡面的江湖義氣，然後繼續交湊合的朋友；有的人開始了一段湊合的婚姻，經常上火，有諸多不滿，但承擔不起離婚的成本，於是經常羨慕電影電視劇裡的瀟瀟灑灑，羨慕完之後，繼續上火，繼續雞飛狗跳。

這樣的次數多了，你就會給自己編造看似合情合理的理由，找很多冠冕堂皇的藉口，然後心安理得地接受並維持現狀，變得更懶惰、更隨意、更將就、更沒有底線。

可問題是，乖乖地順從生活並不會讓你的生活變好啊！這只會讓你一點一點地偏離自己想要的生活，再一點一點地變成自己鄙視的樣子。

「曾夢想仗劍走天涯，看一看世界的繁華……」後來呢？作業太多了就沒去，上班太忙了就沒去，結婚了、孩子大了就沒去……

於是，你從十幾二十歲時的衝動，變成了二三十歲時的蠕動，等到三十歲之後，基本上就是一動不動！

很多時候，你費了很大的力氣才說服自己，以為向生活低個頭、服個軟，生活就能對自己好一點，結果卻發現，生活總是得寸進尺，因為它希望你能跪下！

所以，如果你的夢想還沒死徹底，如果你的興趣還沒忘光，如果你還有不甘心，那麼就別再放縱自己了。握緊拳頭，有耐心、有節奏、有目標地做出改變吧。

所謂蒼老，不過是認命罷了。是你覺得當前的困境永遠擺脫不了，覺得想做的事情永遠都做不到，覺得願望永遠都沒辦法實現了。

但我想提醒你的是，人生的岔路口有很多個，無論是高中入學考、大學入學考、上大學，還是工作、戀愛，結婚，都只是人生的岔路口之一。當你站在路口的時候，會焦慮地以為當前的選擇是最要緊的，後果是最嚴重的，誤以為它決定了自己的快樂、形象，乃至命運。可是，當你走到下一個路口時就會發現，原來每個路口都只是人生的一個小段落而已，它永遠無法決定「我是誰」「我要去哪裡」，以及「我想成為怎樣的人」。

換句話說，你永遠都有選擇的權利，你永遠都有改變的可能。怕就怕，你認命了！如果你從未放棄，現實遠比夢想美好；但如果你願意低頭，鐐銬滿地都是。

願有一天，被現實掀翻在地的時候，你能把自己攙扶起來，拍拍屁股上的灰塵，然後一臉不服氣地說：「三局兩勝！」

願有一天，現實快遞了一副嶄新的鐐銬時，你有勇氣拒簽，並且一臉傲嬌地回應：「恕難從命！」

19 絕大多數的人生困境，都源自那該死的隨波逐流

聽過很多勵志的故事，看過很多精彩的電影，也去了很多文藝的遠方，不論是釋懷還是感慨，不論是激情澎湃還是哭成小狗，不論是開了眼界還是花光了錢，你的本意絕不是簡單地為了打強心針、流眼淚、裝文藝，而是想給無聊的生活製造一點波瀾，好讓沒勁的日子多一點意思，好讓自己在悶死前能懸崖勒馬，在難過的時候能熬下去，在迷茫時能豁然開朗，好讓自己不至於淪落為別人眼裡的傻瓜，不至於變成自己討厭的那種人。

但奇怪的是，嘴裡說「我要好好愛自己」的是你，拚命把自己往深淵裡推的也是你；握緊拳頭想要和全世界大幹一場的是你，一上場就乖乖繳械投降的依然是你。結果，很多好事就這樣被我們拱手送人了。

距離研究所考試不到一個月的時候，學弟發了一個社群動態：「十二月，請對我好一點，我一定會好好準備考研究所，好好照顧自己，沒事跑跑步，並改改我的暴躁脾氣。」配圖是他的自拍照，而照片的背景則是一群人正埋頭學習的自習室。

很多人按讚和鼓勵，而我卻隱約看到了這則動態貼文沒有說完的那部分：「如果上述這些我沒有做到，那麼，我下個月再發一次。」

因為曾一起在校報裡共事過，所以我對他還算了解。單純從個人形象上看，他給人的感覺很好，而且時時表現得很紳士。但是做事卻經常出槌：不是忘了，就是記錯了日期；不是太忙，就是誤刪了檔案。理由充足得可以裝滿好幾艘鐵達尼號。

校報當時一共五個人負責寫稿，每次都是他最拖沓，要麼是在截稿日期的前一天晚上趕工，要麼是早早地拿一份需要別人大修大改的文字來交差。後來被輔導員批評了兩句，他就自動退出了。

他給我的印象是，好像每一個困難都能克服他。

他說要考研究所，但備戰日常卻是這樣：因為前一天熬夜了，所以睡到中午起床，然後去學生餐廳隨便吃點什麼，再背著一大疊考試資料去自習室。

花了一個小時讓自己靜下心來，然後花了半個小時做完兩篇閱讀理解，對答案的時候卻發現十個錯了八個，而對的兩個還是矇對的。

一生氣就把書合上了，順勢拿出手機，心裡話是「休息一下再努力」。之後，繼續刷了一個小時社群網站，又看了半個小時的網路熱門新聞，直到肚子餓了去吃晚飯。

晚上繼續上自習，做到第二道選擇題的時候，手機震動了一下，一看是一則垃圾簡訊。然後手機就放不下來了，即便是不玩遊戲、沒人聯繫，他也寧願捧著手機一遍一遍地刷著沒有更新的社群網站，看著沒有人說話的即時通訊軟體發呆，直到眼睛酸澀才意識到該睡覺了。

可躺下又很清醒，於是捧著手機繼續熬。每一則影片都那麼有趣，每一個主角都那麼成功，每一處風景都夠自己羨慕好久。直到關掉手機發現大腦空空，手上空空……

就這樣，他硬生生地將這段「本該艱苦奮鬥的備戰歲月」變成了「一晃就過去了的消遣時光」。

很多人的人生信條是：想做什麼就做什麼，不想做就不做，至於非做不可的，就一邊拖著一邊做。

其實，大多數計畫的失敗，往往不是因為能力不行、條件不夠，而是因為執行力不行、耐心不夠。為了盡可能舒服、省力一些，很多人僥倖地選擇了「這個地方偷個懶」和「那個地方占占便宜」。

那麼你呢？

想讓自己有毅力，你下載了名目繁多的健身、讀書和背單字的應用軟體，在它們的不斷提醒、催促和監督下，你終於把它們逐個移除了。

想減肥，你喊了無數口號，下了無數決心，可是今天心情不好，明天天氣不好，最後跑步就成了「明天再說」的事情，而節食成了「吃完這一頓再說」的計畫。

想學油畫，買了成套的顏料和畫筆，可顏色也調不好，畫的眼睛是歪的，然後就把工具原封不動地裝了起來，放在牆角等著積灰塵。

想學圍棋，報了興趣班，也研究了幾個棋局，期待能打敗全校無敵手，結果在某個愉快的週末慘敗給了鄰居家八歲的小朋友，從此就和圍棋成了「仇家」。

於是，你一邊渴望世俗的美好，一邊又覺得自己沒有那種命；一邊不甘心被人瞧不起，一邊又在行動上安於現狀。

於是，你在網路上慷慨陳詞，表現得積極向上，優秀得像是超人附體；在現實中卻極其懦弱，做什麼都捨不得花力氣，遇到什麼都繞著走。

你以為這只是「頹廢」，其實更像是「報廢」。

你對生活撒的謊，生活一定會逐一拆穿的；你在渾渾噩噩中假裝努力的樣子，真的像極了鹹魚的祖宗。

世間事大抵如此：成功者千方百計，失敗者推三阻四。

在一場主題為「逆襲」的報告會上，一名優秀的海外學成歸國博士正在講述他的故事。

「人和人的差距是生來就存在的，而且非常巨大。當我還在為晚餐是吃番茄大滷麵還是吃三鮮水餃糾結的時候，我的室友糾結的卻是選遊艇還是私人飛機做生日禮物。」

他大致描述了一下他當年留學時的寢室成員：一個是副教授級別的研究員，據說已經有三個博士頭銜了；一個是富豪家庭的獨子，他最終選了一艘遊艇當生日禮物；還有一位金髮帥哥，已經接了好幾個電視廣告。然後就是他，一個用了吃奶的力氣才拿到博士班資格、長得不帥而且沒錢的才華有限青年。

對於一個敏感而又驕傲的人來說，這樣的寢室環境讓他非常自卑。研究員會聊分子結構和心理學，他根本就接不上話；富家子弟喜歡談論遊艇、飛機、別墅，他根本沒見過，甚至都想像不出來；帥哥則喜歡說他見了哪個明星，以及要見哪個明星，他更是覺得遙不可及……

所以，他在寢室裡的時候只能努力地保持著一臉「我非常酷、我不羨慕」的假笑。為了逃避現實，他開始接觸遊戲、小說，開始追英劇、美劇，開始頻繁地使用社交軟體、影片軟體，他沒日沒夜地玩，翻來覆去地看。

這確實能讓他暫時忘記煩惱，對背景和能力上的差距也暫時不那麼焦慮了，結果是，除了為論文趕工的那幾天，他的日子可以用醉生夢死來形容。

直到有一天，他因為論文錯誤頻出而被儒雅的導師請去喝茶。導師盯著他看了幾秒鐘，突然開口說：「你不是這樣的人，我知道你不是一個平庸的人，但是你現在的表現非常平庸。我說的平庸，不是指這篇論文水準差，也不是指沒錢、沒背景、沒才華、沒地位，不是這些，我說的平庸是你放棄了追求卓越，是你覺得懶惰沒有問題，是你以為自己能待在這裡就算是優秀了。當你覺得自己安於現狀也還不錯的時候，你事實上已經殺死了那個能夠做得更好的自己。」

這是他二十年求學生涯中第一次被老師批評，也是最後一次。於是，他強迫自己遠離社交軟體、遊戲、寢室……這些強迫夾雜著大量的焦慮、孤獨和耐心，就像是在阻止一輛滑向深淵的汽車。

這個過程非常艱難、曲折，而且看不到希望。但是他發現，相比於醉生夢死之後的空虛和絕望，這種身心俱疲帶來的焦慮簡直就是一種享受。努力確實有一些累，但也確實讓人心安。

成長是一個殘酷的過程，你會被現實一個巴掌接著一個巴掌地甩，直到被徹底打醒。在報告會的結尾，他這樣總結道：「越是讓你覺得不舒服的日子，就越有逆襲的價值。因為你受不了這樣的自己，你就會逼著自己改變，逼著自己脫離這個不舒服的環境。如果哪一天，你覺得安逸了，沒有力氣去反抗什麼，也沒有欲望去跟現實硬碰硬，躺在床上昏昏沉沉，對時間的流逝毫無知覺，這才是最危險的。」

很多人覺得「活著真累」，不是因為他做了太多的事情，而是因為做得太少了。所以我的建議是，管好你的浮躁情緒，管好你的三分鐘熱度，管好你的意氣用事，管好你的懦弱自卑，沉下心去努力，這比什麼都重要。

不信你回頭想想，因為你的懶惰、拖延、瞻前顧後、患得患失，你的前半生有多少個目標、任務、計畫失敗了？多少次戀愛因此告吹了？

不要拿「別人都那樣」來替自己的懈怠辯護，也不要將放縱自己混淆為善待自己，更不要將「努力了一下」混淆為「已經盡心盡力了」。

不要有點壓力就說自己不堪重負，不要碰到一丁點不確定性就說自己前途渺茫，也不要一遇到困難就以為自己這輩子完蛋了。

這不叫聰明，更像是在給自己的懦弱找拙劣的藉口。你實際上並沒有吃什麼苦頭，只是比別人矯情太多。

要我說，你當前一切問題的根源就在於，書讀得太少了，日子過得太好了，而飯又吃得太飽了。

經常聽到有人用一些百搭的句式來解釋自己。

比如，「不是……而是……」。這道題不是我不會，而是我懶得去解；這件事情不是我不願意做，而是我看不到任何意義。

比如，「等……就……」。等我的感冒好了，就去鍛鍊身體；等我追完這一部電視劇了，就好好背單字。

比如，「如果……就……」。如果我有錢了，就一定會受人歡迎；如果我有你那樣的家庭背景，肯定能比你成功得多。

比如，「要不是……也可以……」。要不是今天天氣不好，我也可以跑完五公里；要不是我當時有點不舒服，我也能得滿分。

也經常看到有人抱著「應該沒事」和「問題不大」的僥倖心理來做一些小事情。

比如，制定了科學的減肥食譜，並且再三告誡自己晚上不能吃澱粉。結果半夜意志力最薄弱的時候，就對自己說：「吃一點應該問題不大……」然後是，每個晚上都吃了一點。

比如，很清楚不應該蹺課，結果在別人的慫恿下起了蹺課的念頭，就對自己說：「就逃一節課，應該沒事……」後果是，以後的每堂課，你都想逃。

比如，在設計密碼的時候，你覺得自己以後肯定能記住，就隨意了點；在放置重要文件的時候覺得以後肯定能找著，就隨性了一點。然後，每次要用密碼的時候都必須申請重置密碼，每次找東西的時候都需要翻箱倒櫃。

於是，無數個意氣風發的A計畫都被更容易完成的B計畫「羞辱」，無數次「我想」都敗給了「但是」。

如果你總是這樣輕言放棄，那麼無論過了多久你都只能是原地踏步。

在我們短暫的人生當中，我們所做出的種種選擇並不是「對」與「錯」，而是「對」與「更輕鬆、更容易、更舒服」。

我知道，你確實也想變優秀，但是「什麼都不做」的那種舒服戰勝了「我要說到做到」的那種辛苦；你的確也想做人生贏家，但「努力了沒有效果」的那種挫敗感超過了「我一定做得到」的那種篤定。

是你內心深處的那股否定自己、懷疑自己的力量超過了肯定自我、相信自己的力量，所以你覺得自己不會變好、不能贏，你接受了「不變好也沒事」「沒完成也問題不大」，所以你在緊要關頭會選擇「算了，就這樣吧」，然後在不如意的結局面前說「命不好」或者「運氣不好」。

到末了，曾經踮起腳去搆的，現在連手都不敢伸了；曾經日思夜想的，現在變得不那麼渴求了。反倒是曾經不屑一顧的，如今居然也開始心馳神往了；曾經非常鄙視的，如今變得非常崇拜了……

換句話說，對於讓你不滿的現狀，你既是受害者，也是同謀。

我的建議是，不要再矯情地問自己，「因為加班欠下的旅行，準備什麼時候還上」，而是要清醒地問問自己，「因為偷懶欠下的努力，準備怎麼補上」。

也不要因為別人在玩，在偷懶，在渾渾噩噩，你也心安理得地渾渾噩噩，而是要時刻提醒自己：「我是砍柴的，他是放羊的，我跟他玩耍了一整天，他的羊吃飽了，我的柴怎麼辦？」

20 自律是一場自己對自己發動的戰爭

我發了一個社群動態：「如果說眼睛是心靈的窗戶，那麼眼袋就是心靈的窗台。」結果「熬夜先生」就打來電話了，他直接發問：「怎樣才能做到早睡早起？」

他向來如此，即便是好久不見也會直奔主題，他不會從「你方便接電話嗎」「最近還好吧」開始，也不會問你「那邊天氣怎麼樣」。在他的眼裡，無聊的客套相當於浪費時間。

他是我認識的最悶的設計師，給我的印象是，有一部手機就可以過一輩子。以致我時常替他擔心，怕他會把自己活成「山頂洞人」。

一問才知道，從小到大很少生病的他最近健康狀況頻出。向來吃素居然滿臉長痘，經常運動卻抵抗力極差，就連跑步的習慣也因為突然的心臟絞痛而不得不中斷了。而且還出現了間歇性的耳鳴和視網膜充血，皮膚則出現了嚴重的過敏反應——不管吃什麼水果，胳膊和肚皮上都會出現一連串像蚊子叮咬過的包。

每天早上起來，毛巾上、衣領上、床單上都是散落的頭髮，他說：「真像笑話裡說的那樣，我有時候覺得自己就像蒲公英，風一吹可能就要禿了。」

最慘的時候，他一個星期要請三天假去看醫生。而醫生給出的結論是：「所有的問題都是長期熬夜熬出來的，沒有一個是大毛病，但每一個都是大麻煩。」

他現在每天要吃四種抗過敏的藥，吃完了就昏昏沉沉的，可又睡不著。他想在工作上加把勁，可大腦就像是灌了漿糊，根本集中不了注意力。

他說：「我現在才明白，身體遠沒有我想像的那麼耐用！」

長年熬夜的他罕見地表達了對睡眠的擔憂，恰恰也表明了健康問題已經到了讓他難以忍受的程度。

我對他說：「你缺的不是睡覺的方法，你缺的是按時把自己按在床上的毅力，是強迫自己在睡覺之前把手機關掉。」

「可是，可是，」他說了兩遍「可是」，「我要加班，我睡不著，我真的睡不著。」

我回答道：「你並沒有你形容的那麼忙，你加班不是因為工作太多了，而是白天什麼都沒做；你熬夜也不是在忙工作，而是手機太好玩了。」

我想說的是，你失眠不是很正常嗎？沒有人跟你談情說愛，一天到晚又什麼都沒做，聽到的都是別人一天的努力成果，看到的都是別人曬的花式幸福，你能睡著才怪呢！

你用熬夜的方式來抵銷白天一事無成的焦慮，用兩包菸來「保護」嗓子，再用咖啡和酒來「鼓勵」自己繼續醒著。

熬夜讓你成了自己心目中的勞工模範和自由男神。

但可惜的是，超長待機不等於你有效率。

因為只睡了兩三個小時，你被鬧鐘驚醒時會有一臉的煩躁，然後內心在咆哮：「為什麼要早起？為什麼我活得這麼痛苦？」就算肉體勉強離開了被窩，可靈魂還在繼續沉睡。

再然後，你顧不上吃早餐，也顧不上打理自己的儀容和情緒，就不得不手忙腳亂、蓬頭垢面地栽進人海裡，擁有的自然是低效、煩躁、混沌的一天。

如此重複了幾天，你的臉上就會出現不可逆的眼袋和黑眼圈，你的注意力和記憶力就會明顯下降，你會面如土色，哈欠連天，還會莫名其妙地情緒低落，並且煩躁。

久而久之，夜成了你精神王國的淨土，床成了你靈魂的聖殿，被窩成了你青春的墓地。

在寧靜而又無聊的夜裡，你很安逸，但死氣沉沉；你很自由，但危機四伏！

是的，熬夜這種事情，你的靈魂享受得起，你的肉體卻奉陪不起。

面對難搞的生活，別人是做詳細的計畫，然後逐項進行，而你卻是「唉，好煩啊」，然後玩個手機放鬆一下，結果一玩就到了第二天凌晨。

所以，你見過凌晨四點半的城市又怎樣？別人是因為前一天晚上早睡了，然後習慣了那個時間起床，精力充沛地開啟新的一天；而你是熬著沒睡，到那時才漸漸有了睡意。

那麼，人是因為睡覺舒服才睡覺的嗎？

不是，人是因為睡覺非常重要才睡覺的，所以人才會慷慨地拿出全部生命的三分之一用在睡覺上，以此來換取清醒的頭腦、旺盛的精力、靈敏的五官和盡責的五臟六腑，也因此而保住了生命的健康和生活的有序。

那麼，熬夜真的會死人嗎？

也不一定，但可以肯定的是，熬夜死亡的機率比正常人高出很多。

所有你與生理時鐘對抗的行為，都會在你的身體裡留下修復不了的傷痕，等到健康對你做了黃牌警告，你才會明白，什麼叫「病來如山倒」。

所有你熬得有滋有味的夜晚，都需要一個昏睡沉沉的白天來償還，等到你發現好事都在繞著你走，你就會更深刻地體會到，什麼叫「白日做夢」。

所以，如果你想被人嫌棄得更明顯一點，想讓焦慮更盛大一點，想老得更快一點，儘管去熬夜吧。反正啊，那個你日思夜想的人已經熟睡了，那些讓你心心念念的夢想商店都已經閉門謝客了。在這個無所事事的長夜裡，你可能得到的，除了猝死，再沒什麼別的了。

看到韓小樓在社群動態裡展示她的半程馬拉松的獎牌時，我的下巴都要驚掉了。曾經跑兩百公尺要歇三回的她居然跑完了二十公里！

我評論道：「能對自己負責的女孩，真了不起。」

結果她回覆我：「也不是生來就知道要對自己負責的，都是被高牆撞服了才明白，人不努力，天誅地滅！」

印象中的韓小樓是那種在朋友聚會時經常被人忽略的小透明，她很胖，很自卑，也很敏感。

她回憶說：「我那時候最喜歡穿破洞的牛仔褲，但不敢當眾坐下來，因為肉會從破洞裡擠出來。我特別害怕被三個以上的人同時盯著。我也很少逛街，因為走在大街上，幾乎看不到比我體積大的人。別說異性緣了，連同性朋友都沒有幾個。」

如果說，胖子的難堪可以透過獨來獨往、保持沉默而被自己小心隱藏，那麼三年前的一次體檢可謂徹底掀開了她的遮羞布。

那是一次入職體檢，體重秤放在一個開放的大廳裡。她所在的部門一共十三個人，一個接一個站上去秤重，排在韓小樓前面的是個男的，體重秤報：「您的身高一百八十五公分，體重七十八公斤。」後來韓小樓上去了，體重秤報：「您的身高一百六十二公分，體重七十八公斤。」

後面的人哄堂大笑，甚至有人特意提醒她：「嘿，你們倆一樣重，太有緣了！」

從體重秤上下來，韓小樓恨不得跟自己絕交。

經過大廳門口的魚缸時，她甚至覺得那群孔雀魚都在嘲笑她。

這次意外事件在她的心裡如同發生了一場大地震。隨後是無比艱難的「災後重建」，她躲著所有人的眼光工作，也在暗自開啟一項慘絕人寰的減肥計畫。

她吃了一個月的水煮白菜，最難熬的時候，看見別人吃肉都饞得想哭。

有一次，她做夢夢見自己在吃紅燒肉，都放進嘴裡了，夢裡的她還是強迫自己吐了出來。

她試過抽脂減肥，疼得好幾天睡不著覺；她也吃過各種各樣的減肥藥，結果好幾次在廁所裡拉得虛脫；跑步累得肺要炸了的時候，她就放慢速度，然後繼續咬牙堅持；半夜餓得兩眼冒星星的時候，她就猛灌白開水……

她的媽媽心疼得都哭了好幾次：「你這麼糟蹋自己圖什麼啊？」可她心裡只有一個執念：「絕不允許再被人笑話了！」

在美食前面，她已經不需要瞻前顧後，不需要抑制衝動了，而是像看到了虎豹豺狼，能夠不假思索地拔腿就跑！

從七十八公斤暴瘦到六十五公斤時，她覺得「減肥就是自殘」；從六十五公斤到五十五公斤，她覺得「健身會讓人上癮」；從五十五公斤到現在穩定在四十七點五公斤，她覺得「瘦不是結束，只是開始」。

變化的數字對應著旁人無法想像的辛苦和無法理解的快樂，也對應著自信和意志力的全面提升。曾經被人抓拍了一定會用近乎警告的語氣讓其刪掉，現在卻敢對著鏡頭齜牙咧嘴；曾經給她配兩個傭人也不會安排生活，如今一個人就能把日子過得多姿多彩；曾經做個惡夢能難過好幾天，現在就算是汽車在半路壞掉了也能泰然處之。

有人問她減肥的動機，她說得很簡單：「怕醜而已。」

有人問她健身的目的，她說得很簡單：「怕死而已。」

有人請教瘦下來的心得，她說得也很簡單：「少吃真的會瘦，瘦了真的好看，好看真的有用。」

那麼你呢？

是不是每天的內心獨白都在「神哪，我也要像她那麼瘦」和「天啦，這個也太好吃了吧」中徘徊？

是不是每次上體重計看見那個刺眼的數字，恨不得把衣服襪子都脫掉，再去上個廁所，甚至刮了眉毛再秤？

是不是因為不加糖的奶茶不好喝？

是不是因為「七情六欲中，食欲最凶殘」，所以慘敗給了蒜香排骨、烤鴨、漢堡和雞翅？

是不是因為白天已經走了五千步，所以晚上敢多吃一碗飯？是不是因為「就吃一口，不會胖的」？

是不是因為「第二杯免費、第二份半價」？是不是因為「剩了這麼多，不吃浪費」？

是不是因為「有一堆天天等著你吃喝玩樂、花天酒地的朋友，不去他們會生氣的」？

嗯，沒有一個胖子是無辜的！

如果食物能化為力量，那麼你一定能成為舉重冠軍；如果能化作知識，那麼你一定能成為學霸。可惜啊，它只能化作脂肪。不信你低頭看秤，體重騙得過誰？

所以，對自己還有要求的你，請不要輕言放棄，想必你已經知道了：這個看臉的世界是以好看的人為中心的。

一個善意的提醒：臃腫的身形和怎麼穿都不好看的服飾，就像一群徹頭徹尾的叛徒，會將你的窘迫和不自律暴露無遺。而堅守在身體各個部位上的贅肉，就像一塊盡忠職守的擋箭牌，能擋住任意角度射來的邱比特之箭。

有一個廣為流傳的段子：「身材好，說明你在嘴巴上自律；氣質好，說明你在修養上自律；人緣好，說明你在脾氣上自律；事業好，說明你在時間、精力、體力上都自律。」

可惜啊，多數人追求的是自律的人生，過的卻是失控的生活。

本來打算三個月瘦十公斤，結果反倒胖了五公斤；本來想調整好作息，養成早睡早起的好習慣，結果天天熬夜，好像忙得永遠放不下手機，關不掉電腦。

本來打算活得精緻一點，用好看的皮囊來盛放有趣的靈魂，結果卻天天起不來，只好急急忙忙、蓬頭垢面地出門。

本來計畫每天自己做飯、熬湯、煮甜品，結果發現自己的命其實是外賣給的。

看起來生龍活虎，實際上渾身是病。可能一次流感就要請好幾天假，可能摔一跤就站不起來了。

看上去積極向上，實際上是個積極的廢人。可能沒搭到計程車就哭爹喊娘，可能商品標籤撕得很失敗就火冒三丈。

問題是，你知道喝酒會難受，你知道喝醉了誤事，你發過毒誓要戒，可是一有飯局，那種「今天一定要賜人一醉」的狂妄就莫名其妙地產生了。

你知道抽菸傷身體，你知道用冷水洗頭會頭痛，你知道吃太多零食會變得厭食，你知道經常吃路邊攤、冰淇淋會拉肚子，你知道刷影片、社群網站會讓自己興奮得睡不著，你知道吃完了就坐著躺著會長肚腩……

你都知道，可你偏要。然後，你高高地舉著「以自己喜歡的方式過一生」的旗號，用咎由自取的方式來作死自己。

於是，你一邊熬最長的夜，一邊用著最貴的面膜和眼霜；一邊拚命地往胃裡塞食物，一邊吃著維生素片、喝著枸杞泡的水。總的來說就是，一邊糟蹋自己，一邊養生續命。

這倒也符合人性：明明是自己弄壞了自己的胃，偏要怪罪於食物；明明是自己糟蹋了自己的身體，偏要怪罪於壓力；明明是自己弄砸了自己的生活，偏要怪罪於命運。

其實，自律是一場自己對自己發動的戰爭，你要對抗的是你的天性。

我知道你很焦慮。勞神費力做出的方案明明得到了上司的肯定，但如何更好去執行卻會繼續讓你焦慮不安；這次考試取得了不錯的成績，但如何保住名次、如何更進一步卻在折磨你；在公司裡穩紮穩打、處於事業的上升期，但身邊的朋友卻早已功成名就仍然讓你慌張……

所以，你會因為一些尚未發生的事情而不安地熬著夜，會因為偶爾的情緒低落而去吃一堆垃圾食品，會因為無法排遣的無聊而沒完沒了地刷著影片，會因為發現自己努力了還是不如別人而選擇索性就鬼混下去。

消極的情緒會讓你在誘惑面前毫無抵抗力，這時候，自律顯得尤其重要。

假如你像動物一樣，時時刻刻都聽從欲望、逃避痛苦、選擇舒服和容易，那麼你得到的不是自由，而是奴役。你的人生不是在選擇，而是在服從。

換句話說，你想要肆意的人生，就要學會控制和忍耐。比如作息、食欲、情緒等。

成長的過程中一定要學會駕馭自己的欲望，是騎著它快意走江湖，而不是被它拖著走，遍體鱗傷！

自律在開始的時候是堅持，是忍耐，是死撐到底，但自律的後期則是隨心所欲，是得盡好處。

早睡的人就像早早躲進了船艙裡，能順利地避開情緒的驚濤駭浪。

早起的人則像是第一個入園參觀的遊客，世界呈現給他的是新鮮、有序的樣子。

好好吃飯的人就像是得到了命運的VIP卡，他們的生活永遠不會有走投無路的時候。

堅持健身的人則像是掌握了對抗歲月的祕笈，他們偶爾也會可惡，但是永遠可愛。

對自律的人來說，比缺愛更可怕的是缺覺，和愛財同樣要緊的是惜命。

他們的顯著特點是：能夠迅速地進入狀態，並且長期地保持專注！

他們知道，健康的身體才配得上有趣的靈魂，而羸弱的身體更像是靈魂的監獄。

所以，請務必照顧好你的身體，畢竟，你的心理已經被生活摧殘得夠變態了。

21 放棄不難，但堅持一定很酷

更新社群動態的時候難得地看到了柳南子的近照。

他剪了短髮，配圖文字是：「平頭是檢驗帥哥的唯一標準。」

柳南子是公認的學霸，而且確實很帥，就是長得有點老態。

高三那年，因為沒日沒夜地做試題，加上精神上高度緊張，頭髮都白了一小撮。有一天在公車站等車，一個拄著拐杖的老爺爺瞇著眼睛問他：「司機先生，去火車站是在這裡上車嗎？」

他用手掐住自己的喉嚨，擠出沙啞的聲音回覆道：「是的，老哥。」

那年大學入學考他考了六百三十九分，但英語只有七十三分。作為文科重點班的數學課代表，數學得了滿分的他根本沒有意識到英語只有七十三分意味著什麼。直到在大學的第一堂英語課上，他用極其蹩腳的英語結結巴巴地做完了自我介紹，惹得全班同學哄堂大笑，他才深刻地感受到了什麼叫「崩潰」！

更大的傷害在這節課的下半場：有人說自己在高三那年的詞彙量就達到了一萬個，

而他懷疑自己是否認識一百個單字；有人說他翻譯了全套的泰戈爾詩集，而他連泰戈爾的英文名都不會拼；還有人說他在高三暑假用英文發表過關於狄更斯《雙城記》的論文，而他連給上小學的表弟唸英文課本的勇氣都沒有……

那天晚上成了他人生中一個不大不小的轉折，徹夜未眠的他一直在拷問自己：「是就這麼認輸了，然後在這個高手如林的班級裡當一個成績墊底的人，還是逼自己學好英語，然後把丟過的臉再撿回來？」

他沒有認，選擇了跟英語硬幹。那天之後，他只聽英文歌，只看英文電影，就連遊戲都只玩英文版的……

他甚至在硬幹的過程中找到了學英語的樂趣。

單字難背，他每背完一個就用水彩筆劃掉一個，感覺就像在遊戲中殺死了一個小妖怪。

閱讀理解的段子難以理解，他就先查字典弄懂意思，然後對著鏡子反覆讀，並且誇張自己的表情和口型，就像在逗幼稚園的小朋友。

聽力不行，他就戴著耳機沒日沒夜地聽 CNN、BBC，並充分發揮他的「戲精」天分——假想自己就是帥氣的主持人或者是正在接受主持人專訪的超級明星。

慢慢地，他可以大致看懂不帶翻譯的 TED 演講和英語原聲電影；慢慢地，他可以任性地閱讀經典的英文小說；慢慢地，他可以輕鬆地查閱英文文獻。

他可以在課堂上用英語跟大家耍俏皮了，而不再是把頭埋進書桌裡，然後祈禱老師別讓自己發言；也可以在演講比賽中用非常標準的發音講出一大段名人名言，而不是坐在台下當個可有可無的看客。

原來，很多事情並不是因為困難才放棄的，而是因為放棄了，才顯得如此困難。人在受了刺激的時候做某件事，其實並不難。難的是，在漫長得看不到結果的疲倦、枯燥和壓力中，依然能夠按照既定的方向有條不紊地做這件事。

而這對應著兩種完全不同的結局：堅持下來的，成就了一段神話；半途而廢的，淪為一個笑話。

那麼，在心裡咆哮著「我要努力」「我要改變」「我要像某某那樣優秀」的那個你呢？

堅持了一天，就覺得：「嗯，這件事很有意義，我一定要繼續。」

堅持了一個星期，就覺得：「呀，沒想到還挺麻煩的，希望我能堅持住。」

堅持半個月後，就覺得：「唉，好像也沒有那麼有意思，先休息一天吧。」

斷斷續續一個月後，就覺得：「啊？我為什麼要在這種事情上浪費青春？」或者說：「啊？我說過這種胡話嗎？不可能！不可能！」

事實上，你口口聲聲說「那不可能」的事情，早就有人已經出色地完成了它。

你提醒自己要「三思而行」的計畫，其實還有下半句，叫「再思可矣」。翻譯成大白話就是：你都已經想了那麼久了，別再囉嗦了，來點實際行動吧！

可惜的是，很多人終其一生都在做準備工作。

人和人的差距往往都是用實際行動一點一點累積出來的。他背了兩個小時的單字，你打了半天的遊戲；他做了三套練習題，你追了三集綜藝節目；他跑了一千公尺，你躺了一整天……如果把這些行為都乘以三十天，再乘以十二個月，差距可想而知。

所以我的建議是，不管你此時的起點有多低，不管你犯了多少錯，不管你的進度有多慢，只要你開始了，你就比那些沒有開始的人領先了很多；只要你堅持了，你就距離那些優秀的人更近了一步。

堅持不僅僅是為了一個結果，堅持的意義還在於，它讓你的青春有了生機和方向。再多的焦慮和迷茫，都會在行動面前敗下陣來。

換句話，夢想的路上，最大的障礙不是它的遙遙無期，而是你的望而卻步。

曾有人在深夜給我發了十多則私訊，字數加起來足足有三千多。主要是想表明他對寫作的無限熱愛，以及他不知道怎麼寫作的無限困惑。

他說他購買了很多關於寫作的速成課程，並且積極加了一大堆五花八門的寫作學習小組，關注一大堆公眾人物，並且申請了好幾個社群專頁，但是過了五個月卻只寫出了兩篇文章。

他說他每天都端坐在電腦前面，手指放在鍵盤上面，兩眼直直地盯著電腦螢幕，然而腦子裡一片空白。

他說每次起個頭就感覺糟透了，寫了幾段話就覺得自己不過是在傾倒一些低品質的、拙劣的、怪異的表達。

他懷疑自己根本就沒有寫作的天賦，但又不想放棄寫作，所以希望我能告訴他一些尋找寫作靈感的訣竅和提高寫作能力的速成祕笈。

我回覆他：「關於寫作的問題，我實在沒有什麼訣竅、速成祕笈之類的東西給你。如果世界上真有這種可以一下子打通任督二脈，然後閉門修煉一兩個月就天下無敵的東西，麻煩發一個壓縮檔給我。」

其實我想說的是，大家都一樣，並沒有天賦過人，多數都是天賦「愁」人的普通人。而寫作這種事情是沒有捷徑可走的。除了寫，就是讀、想、記……你汲取的東西越多，才越有可能提煉出屬於自己的東西。

所謂的「我不知道寫什麼」，歸根結底是因為腦子裡面的輸入不夠，所以無法輸出。

這是一個耐心經常缺席、理想經常失約的年代，每天都有人在尋找成功的捷徑，以為可以讓自己繞開漫長的奮鬥過程。

所以我們經常看到這樣的宣傳語：「某某英語培訓班，一個月讓你從零基礎到英語流利對話」「某某寫作訓練營，三個月保證讓你出書」「某某減肥藥，不節食、不運動，輕鬆瘦十公斤。」

結果是，錢也花了，時間也浪費了，罪也受了，方法也貌似懂了，可自己依然是七竅通了六竅——一竅不通。

而真正優秀的人都知道：所謂的捷徑其實都是看似笨拙的堅持。

他們知道，要想學好英語，就得下苦功夫去背單字、理解文法；要想瘦下來，就得管住嘴、邁開腿；他們知道，見識上的高明是基於博覽群書，不是什麼天賦，更不是魔法；成績上的出眾是無數難題磨出來的，不是什麼巧合，更不是運氣。所以他們不急功近利，不追求立竿見影，而是每天都朝著既定目標前進。

結果是，他們能在別人渾渾噩噩的時候知道自己該做什麼，在別人束手無策的時候找到方法，在別人走投無路的時候找到出口。

所以，越是覺得自己身處人生的谷底，越是覺得比不上別人，就越要靠自己救自己。怎樣才算是自己救自己呢？就是忠於自己的渴望，認真地做好手頭上的每一件事，不煩躁、不放棄、不敷衍。

哪怕是做飯的時候把握好了調味品的份量，哪怕是寫文章的時候避免了錯別字，哪怕是讀書的時候記下了幾個喜歡的句子，哪怕是晚上早睡一會兒、白天少玩幾次手機，哪怕是被人拒絕後再多試了一次，哪怕是隨手關門、隨時保持微笑……這對於能力有限、機會有限、起點很低的你來說非常重要。

我想說的是，再遙不可及的目標，如果除以N年，再拆成三百六十五份，就都是一些力所能及的小事；再微不足道的小事，如果乘以三百六十五天，再乘以N年，也都能成為大事。

改變往往都是一個日積月累的漫長過程。不要盼著三日不見就讓人刮目相看，也不要期望突然間就脫胎換骨、洗心革面，這些都不叫變化，更像是整容或者器官移植。

改變是看不見的，就像你看不清太陽是以什麼速度升到頭頂的，樹葉是什麼時候變黃的，就像你不知道什麼時候會超過別人，或者被別人甩得遠遠的。

嗯，積跬步以至千里，積怠惰以致深淵。

曾有人在社群網站上發文求助：「怎麼暗示老闆給自己漲薪水？」

他大致描述了一下自己的現狀：知名大學畢業，在一家不錯的私人企業工作了好幾年，但老闆從來沒給他漲過薪水。他覺得心裡委屈，但又不好意思直接開口提，所以做什麼都沒有熱情，習慣了敷衍了事。

他說：「老闆什麼時候給我漲薪水，我就什麼時候努力工作。如果老闆不給我漲，我就一直這麼耗著。互相敷衍唄，誰怕誰？」

其中得讚最多的評論是：「如果你能力出眾，在公司裡無可替代，並且創造了遠高於你現有薪資的價值，那麼根本就不需要暗示，你的老闆會主動給你加薪。如果老闆不提，那麼趕緊走人吧，這樣的公司待著沒意思。但是，如果你可以隨時被更便宜的勞動力取代，那麼老闆就沒有必要給你漲薪，畢竟他不是做慈善的。」

事實上，大部分人努力工作的程度，僅僅只能讓他們免於被開除，以及拿到一份不至於讓人立刻想辭職的薪水。

人類這個物種，既單純至極，又狡猾至極。說他單純，是因為他一旦相信了「努力了就會有回報」，就會馬上去努力；說他狡猾，是因為他一旦發現「不努力也沒什麼問題」，就會想方設法地找機會偷懶！基於這樣的一種本性，很多人不斷地被自己的惰性牽著鼻子走。所以我們經常看到有的人，一邊狼吞虎嚥地吃著垃圾食品，一邊幻想自己擁有八塊腹肌；一邊和室友通宵達旦地遊戲閒聊，一邊期盼著各科成績都名列前茅；一邊在辦公室裡慵懶度日，一邊希望自己早日實現財務自由。

要我說，你既然整天混吃等死，昏昏沉沉，毫無生氣和動力可言，就趕緊忘了自己的英雄夢想，老實地、心甘情願地做個平庸的人。既想要前程似錦，又想要毫不費力，你想得可真美啊！

年輕的時候，總是什麼都想要，要錢、要權力、要自由、要詩意和遠方，但慢慢才發現，真正優秀的人知道哪些東西不該要，也知道哪些東西是要拚了老命也要爭取的。所以，當你決心要做一件事情，就不要去問別人「值不值得」「行不行」之類的問題。魯夫說要成為「海賊王」的時候，你聽他問過別人「你覺得我行嗎」嗎？

你要認清一個事實：每一種選擇都有對應的後果，要麼是「舒服並絕望著」，要麼是「痛苦並希望著」。正所謂「籠雞有食湯鍋近，野鶴無糧天地寬」。

換句話說，你想要某個結果，你就要付出相應的代價；如果你覺得受不了，想放棄，那你就不要後悔和抱怨。所有的「咬牙堅持」都意味著「有所犧牲」，但最好的心態是：心甘情願，願賭服輸。

需要特別強調的是，努力不一定有回報，更不會馬上有回報。

只有那些不經世事的小孩子，才會相信「努力了就一定會成功」，才會在「未來」和「美好」中間畫上等號。那麼，我們為什麼還要堅持，還在努力？為什麼明明知道失敗在所難免，卻又要非成功不可呢？

那是因為，有些辛苦無人分擔，只能靠自己扛，只能從左邊肩膀換到右邊肩膀。

那是因為，我們不願意成為街上一抓一大把的庸人，不想這輩子就這樣可有可無地活著。

那是因為，我們不想以後為了錢、為了愛、為了生計而犯愁，不想後半輩子都在做自己討厭的事情。

那是因為，我們知道好東西都很貴，喜歡的人都很優秀。

那是因為，不論人生的結局是得償所願，還是不盡如人意，我們都不枉來此人間走一趟！

所以我的建議是，你最好不要盲目相信這篇文章的任何一句話，最好連標點符號都別信。如果你的心裡沒有渴望，行動上不能堅持，那麼道理都是廢話！

22 優秀不是自我感覺，而是客觀事實

大概是因為工作日的緣故，咖啡館裡當時沒有什麼客人。服務生端來兩杯摩卡之後就自覺地「藏」了起來，猜想他已經確認了，我們這邊只是在聊天，不是打架。

坐在我對面噴著髒話的人叫張弛，他把文件用力地往地上摔，暴躁得像一隻狗被踩到了尾巴。

他憤憤不平地說：「我，一個寒窗苦讀了二十多年的研究生，現在被一個國中文憑的糟老頭子使喚得就像他們家的丫鬟。不是改這裡，就是改那裡，可他提的要求簡直幼稚得可笑，連一點起碼的美學常識都不懂，真不知道他是怎麼混到今天的位置上的！」

說這些話的間隔，他又爆了幾次粗口。然後接著說：「那幾個同事也很勢利，除了巴結他，什麼都不會，要創意沒創意，要活力沒活力。真不知道年紀輕輕就像退休老大爺那樣獻媚的生活到底有什麼出息！」

他指著地上的文件說：「這些方案就是他們做的，糟老頭子的意思是，讓我參考參考。我參考個鬼咧！」

聽他的描述，感覺他恨不得每天都隨身帶一個「不過如此」的公章，然後見人就蓋一下。

等他發洩得差不多了，意識到他的對面還坐著一個活人的時候，他才安靜了下來。

我勸了一句：「跟自己的前途低個頭，不算丟人。」

他說：「要我低頭，除非他們先跪下。」

我又問：「那你是準備辭職嗎？」

他的眼神躲閃了一下，嘆了一口氣說：「說實話，在這個行業，其實已經很難找到比這裡更高薪的工作了。糟老頭子只要再多給我一點信任，我肯定能比那幫人優秀得多！」

我之所以勸他低頭，是因為我很確信他這份工作非常有前途。他口中那位糟老頭子其實是圈內非常厲害的前輩，而他所謂的那些沒有活力和創意的同事其實屢屢在大賽中獲獎。

他表面的不屑一顧對應的是他實力上的人微言輕，他神情上的怒不可遏對應的是他處境上的無法選擇。

他臉上的不可一世很可能源於他內心的脆弱，他嘴上的振振有詞很可能因為他心裡滿是懷疑，他態度上的輕薄很可能是因為他感覺自己被人鄙視了。

於是，一個長得五大三粗的大小夥子，內心竟然像是第一次收到情書的花季少女一樣驚魂未定。

我想說的是：優秀不是自我感覺，而是客觀事實！比如，拿掉學歷和人脈的因素，你拿出來的方案足以讓大家信服，而無須賣力解釋，或者再三遊說。比如，同樣一個任務，別人磨磨蹭蹭需要一個星期才完成，而你三天就可以做完，並且做得很好。又比如，你的加入，讓一個團隊的實力明顯提升了一兩個檔次，或者把整個團隊的形象分拉到了平均值以上。

再比如，大家都認為沒有任何辦法的問題，而你卻另闢蹊徑把它給解決了。

有一種很常見的錯覺是，當一個人對你的實際態度比你希望看到的態度要差的時候，你就會認為自己受到了傷害。你覺得自己被怠慢了，被輕視了，甚至是被侮辱了。但實際上，傷害你的不是別人的態度，而是你對自身分量的誤判。

所以在我看來，職場上的不如意，如果統統歸結為「是我能力有限」，心裡就會好過很多；但如果統統歸結於「某某有眼無珠」「環境太糟糕」或者「懷才不遇」，那麼你的日子就沒法過了。

你的職業生涯會越來越像一碗麵，剛進公司的時候還表現良好，像剛出鍋一樣，美味、爽口，可時間一長，就爛成一坨了，既沒有力度，也沒有味道。

小說家劉慈欣曾說過這樣一句話：「自以為歷盡滄桑，其實剛剛蹣跚學步；自以為悟出了競爭的祕密，其實遠沒有競爭的資格。」

所以，別再傲嬌地替自己辯解說：「如果每個人都能理解自己，那我得普通成什麼樣子？」

我想反問一下：「如果每個人都無法理解你，那你得『奇葩』成什麼樣子？」

關於「別人不理解自己」這件事，很多人都以為是別人能不能理解的能力問題，而事實上是他們願不願意理解的選擇問題。

曾有個男生在微博裡發私訊給我，發著發著，他自己就「炸了」。等我看到留言的時候，已經是晚上十一點多了。他的第一則留言是「在嗎？」，緊接著是「你怎麼不在？」，然後是「你怎麼還不在？」，再然後就發火了：「你有什麼了不起的，跟你說話還不理人？」

為了顯得我很大氣，我回覆了一個笑臉，並解釋說：「抱歉，我不可能二十四小時都在線上。」也不知道有沒有得到他的原諒，他直接提問了。大致情況是，他是一名大三學生，大學這幾年差不多讀了兩三百本書，讀得越多，就越感覺與身邊的同學聊不到一起去，他覺得別人的言談太庸俗，覺得跟他們聊天純屬浪費時間。他不知道怎麼面對這種情況，他也弄不清楚到底是自己的性格有問題，還是心理出了問題。

看完他的描述，我睡意全無，感覺就像是花了半個小時數的羊，突然間全都跑光了。

我問他：「剛進這所大學的時候，你跟他們能聊到一起去嗎？」

他回答說：「也不能，但那時候只是覺得沒有什麼可聊的，現在更像是瞧不起。因為他們每天不是聊遊戲戰況，就是說明星八卦，再不就是講一些低俗笑話，感覺他們好無聊，根本就不配待在這麼好的大學裡。」

在我一時語塞的時候，他向我說明了他的對策：「我退出了所有與他們相關的群組，在社交網站裡排除了他們，並且自己建了一個私人的部落格……實在是不想跟他們有任何交集。」

我先是用大段的文字試圖跟他解釋「求同存異」的必要性。大意是說，每個人都有他的喜好和長處，有人擅長遊戲，有人擅長社交，有人擅長製造快樂……從不同的角度看，這些都是優點，和你看了很多書一樣，並沒有優劣之分。

他回覆了一個字：「哦。」

然後我又用大段的文字試圖提醒他從自身去找找原因。比如是否覺得被排擠了？是不是平時的生活中發生了不愉快的摩擦？又或者是否在這個小圈子裡找不到優越感了？

他又回答了一個字：「哦。」

突然間，我的腦海中出現了這樣一組畫面：兩頭牛一邊吃草，一邊聊天。一頭牛對另一頭牛說：「雖然圓周率經常被簡化為3.1415926，但它實際上是一個無限不迴圈的小數。」

另一頭牛回答道：「哞。」

每個人都覺得自己是獨一無二的，但實際上並沒有那麼多的與眾不同。

就算你在小學是學霸，在中學被老師寵上了天，然後以全校、全市前幾名的成績考上了非常厲害的大學，你在大學裡也沒什麼特別的，因為你周圍的那些同學，也有可能在小學、中學是學霸，也是他們所在城市的前幾名。

就算你的學歷很高，拿了很多獎，考了很多資格證書，你在你們公司也沒有什麼特別的，因為你周圍的那些同事，也都有很高的學歷，也都拿過很多獎，也是擊敗了諸多高手才進入公司的。

你能進入一個優秀的圈子，僅僅是因為你的某個條件符合了這個優秀圈子的准入門檻，但這也是所有新成員的准入條件。對這個圈子而言，你其實並沒有什麼特別之處。

一個成年人，如果始終認定別人就應該認同自己的審美和喜好，不滿意就暴怒、攻擊、鄙視，並且絲毫不認為自己有問題，通常這輩子也優秀不到哪裡去。

真正優秀的人，不會輕易瞧不起身邊的人，因為骨子裡的教養不允許，因為儲備的理論知識不允許。

很多人都有這樣的錯覺，以為自己的觀念更正確、更優秀、更高尚。這也導致了偏見和鄙視無處不在。

比如，一些學歷高的會鄙視學歷低的，覺得他們沒什麼文化；一些學歷低的也會鄙視學歷高的，覺得他們完全沒有情調。

比如，一些做銷售的會鄙視程式設計師，覺得他們太宅了；一些程式設計師也會鄙視做銷售的，覺得那種工作太沒有技術可言了。

又比如，一些整天曬旅遊照、電影票根的會鄙視整天曬孩子的，覺得他們不懂生活；而後者也會鄙視前者，覺得他們鋪張浪費。

於是，為了刻意表現自己的與眾不同，但凡是別人喜歡的，你一定反對；但凡是別人推崇的，你一定不屑。

但問題是，瞧不起別人並沒有讓你了不起。

我替你擔心，怕你費盡心思地朝著「特別」的方向努力，最後變成了「特別普通」或者「特別怪異」的人。

電影《心靈捕手》中有一段非常經典的台詞：「你只是個孩子，你根本不知道你在說什麼。

「如果我問你什麼是藝術，你可能會提出藝術書籍中的理論，但你並不知道西斯汀教堂的氣味，你不曾站在那兒，昂首眺望天花板上的名畫。

「如果我問你什麼是戰爭，你大可以向我談及莎士比亞，背誦『共赴戰場，親愛的朋友』，但你從未親臨戰場，你不曾把摯友的頭抱在膝蓋上，看著他吐出最後一口氣。

「如果我問你什麼是愛情，你可能會引述十四行詩，但你從沒看過女人的脆弱……

投入，也未曾真心傾倒。」

事實上，十幾二十歲的年紀，多數人都是「以為無所不知、實際一無所知」的懵懂青年，就不要把自己當作洞悉真理的世外高人了；多數人三代以上基本都是農民，就不要裝得像是世襲的貴族了。

很多時候，你只是你自己眼裡的神，在別人眼裡很可能是一朵盛開的「奇葩」。就像路燈都齊齊地亮著，有一盞燈壞了，所以是一閃一閃的。它確實因此而不同了，但那並不是優秀。

不要強調自己多麼厲害、多麼出眾，也不要逢人就說自己吃了多少苦頭、會多少門武功，更不要試圖用語言或者情緒去改變一個人對你的看法或者態度，而是應該努力去理解並且欣賞自己本質上的微不足道和事實上的非常普通。

成長的過程中，我們一點點認識到這個世界的荒誕不經和鐵面無情，一點點地理解它的堅硬和不圓融，也一點點地認識到：這剛剛起步的人生一共就發生了這麼點事，沒什麼好裝的，因為真的沒那麼深刻。

希望有一天，你能慢慢地接受自己的平凡和才華有限，慢慢接受不被理解和不被看好，就像慢慢接受自己終會變成一個不那麼可愛的大人的事實。

成熟就是，不再自命不凡，也不再妄自菲薄，對內消除傲慢，對外消除偏見。共勉。

| Part 5 |

實際上，
時間只是一個自稱能包治百病的庸醫

時間只負責流逝，不負責讓你成長；
只負責掩埋，不負責療傷；
它帶來蒼老，但不一定帶來成熟。
它製造了很多美好的幻想，卻留下了很多的遺憾；
它只是一個無情的看客，而你要自行承擔過程和結果。

23 大腦是你的自留地，不是別人的跑馬場

有個喜歡愛聊的親戚太可怕了。表妹今年都二十七歲了，她大姨還經常問她：「你是喜歡爸爸，還是喜歡媽媽？」

她跟我講這件事情的時候，我笑得眼淚都要飆出來了。而表妹則淡定地說：「我都見怪不怪了。」

考上博士那年，她大姨驅車兩百公里專程到她家裡勸表妹：「閨女啊，你也老大不小了，你爸媽也一把年紀了，可不能再這麼讀下去了，你總不能啃一輩子老吧？你看你那個讀博士的表哥，讀了快三十年的書，最後不就是當個普通的老師嗎？沒什麼前途，你一個女孩子家，耗不起，趕緊找個人家嫁了吧！」

表妹沒有告訴她自己早就經濟獨立了，也沒有說自己拿到了獎學金和各種補助，而是笑呵呵地說：「知道了，大姨，我明天就去相親，這博士我也不念了。」

說完就回自己的臥室收拾行李，準備第二天就去北京讀博。

後來，表妹拿到了去新德里學習的機會，她大姨知道了，當天晚上就給她打了兩個

小時的電話，苦口婆心地細數這次行程的風險和無意義。大姨語重心長地對她說：「閨女啊，你看你也不聽你大姨的話，叫你別去讀博士，你還是去了。現在還要去印度，電影裡都說了，那個地方人多事多，很危險的。再說了，現在出國鍍金已經沒有什麼用了，你不如回老家，大姨幫你安排個好工作！」

表妹沒有告訴她這次出國不是為了鍍金，而是去拜訪專業領域的頂尖人物，也沒有向她解釋電影鏡頭都是虛構的，而是很認真地對她大姨說：「放心吧，大姨，我不去了，一會兒就跟導師說明情況，正好有同學想去，我把機會讓給她。」

掛完電話，她就打開電腦，繼續做新德里之行的攻略。

我問她：「你那麼做就不怕你大姨知道了失望嗎？」

她一臉輕鬆地說：「反正在她眼裡，我就是一盤酸菜魚，又酸又菜又多餘；反正我做什麼，都會有人會失望的——所以，管他呢！」

在社交如此便捷的時代，我們難免會被人指點，既有關心的成分，也有干預的成分。如果你堅信自己是在做正確的事情，堅信自己是在朝著目標奮進，那就請你保持微笑，繼續努力，用結果來證明自己，而不是用怒火來毀掉關係！

你要明白，你飛得越高，在那些飛不起來的人眼裡的形象就越渺小。

判斷要不要接受指點，其實有兩個非常重要的參考指標：一是給你建議的人，他的生活是你想要的嗎？二是給你建議的人，你有他那樣的優越條件嗎？

那麼你呢？

你是真的喜歡那種類型的電影，還是因為社群裡關於某部電影的討論異常熱鬧，所以你也要去看？

你是真的非常討厭某個作家的言論，還是因為看到大家都在聲討他，所以你也跟著去討厭了？

你是真的嚮往那種生活，還是因為那些有頭有臉的人都在讚美那種生活，所以你也努力去那樣活著呢？

僅僅是因為某個故事的主角得了不治之症，然後身為億萬富翁的他說了一句「錢不重要」，所以，你也覺得錢不重要？

僅僅是因為聽到一個陌生人評價了一句「樣式過時了」，所以你就放棄了那件心儀很久的毛呢大衣，甚至開始懷疑自己的審美？

僅僅是因為一個多嘴的鄰居說了一句「看起來不是很登對」，所以你就對自己的戀情充滿懷疑，甚至反問自己會不會太樂觀了？

僅僅是因為一個不太熟的朋友提了一句「不可靠」，所以你就放棄了跳槽的機會，繼續苦熬著一眼望得到盡頭的無聊工作？

僅僅是因為某篇文章勸你「要慎獨，要做自己」，所以你馬上得出結論「合群的都是傻子，不合群的才是精英」？

我想說的是，我們在人世間行走，其實都像是小馬過河，河水既沒有老牛說的那麼淺，也沒有小松鼠說的那麼深，不要因為別人說了什麼而過分自信或者悲觀，也不用總想著要向世界解釋自己，更不要被身邊那些暫時得利的表演者、浮誇者、造假者迷惑。拿出誠意和時間，實實在在地做事，按部就班地實現自我價值，最後勝出的一定是你。

別人都在討厭的事物，你很喜歡，這一點不奇怪；別人都很喜歡的東西，你很不喜歡，這也不丟人！

你的人生不需要那麼多的「別人說」，而是要搞清楚「自己想要什麼」。

一個男生發私訊給我，說起他的職場遭遇時竟然委屈得像是「男版的竇娥」。

他說他從一流的大學畢業，去了二流的城市，進了三流的公司，做著十八流的事情。他本以為自己是「雞窩裡的鳳凰」，沒料到自己其實是「雞窩裡的笨蛋」。

剛進公司的時候，大家都特別器重他，不管是上司還是同事，都對他很客氣，一些四十多歲的老員工跟他說話的時候都用上了「您」，並且還有人時不時地恭維他：「名校畢業的大學生來我們這小公司，真是屈才了！」

他一開始不覺得屈，但時間長了，他的心態就變了：「我為什麼來這裡？我當年學習研究的是智慧型機器人，現在居然跟一群沒什麼學歷的大老粗一起做修理農機這種沒什麼技術的事情！」

有一次，公司接了一個難度較大的任務。結果大家一致認為「必須讓名校大學生去做」，理由是這個任務太難了，如果他都搞不定，那其他人就更搞不定了。

可怕的是，這個男生也這麼覺得。他累死累活地忙了半個月，最後卻糟心地發現，學歷和能力是兩回事，知道原理和解決問題也是兩回事。

他的「首秀」演砸了。因為耽誤了工期，上司破天荒地對他發了脾氣，而那些經常恭維他的同事則竊竊私語道：「名校的大學生也不過如此嘛！」

看見沒有，對你豎大拇指的人不一定是在誇你，還有可能是在拿炮瞄你！

「捧殺」是最溫柔而且最容易被人忽視的陷阱！

比如，你習慣了在社群網站裡曬自拍，每次都會有一大批言過其實的讚美，被誇的次數多了，你就真的以為自己很美。

又比如，你的某篇文章、某個影片紅了，有人誇你有趣，有人誇你有才，你就飄飄然地覺得自己紅了，以作家自居，以網紅自居。

然後呢，你就會帶著一種莫名的優越感與人相處，可現實不會配合這樣的表演。你被誇之後有多自戀，幻覺破滅之後就有多失落；你被捧的時候有多得意，被罵的時候就有多悲慘。

想起一個關於導演史蒂芬史匹柏的故事。

當電影《大白鯊》大獲成功之後，美國的一本雜誌將二十多歲的史匹柏選為雜誌封面人物，並在那一期雜誌上對他大加稱讚。

當雜誌被送到片場時，史匹柏卻連看都沒看。製片人很驚訝地問他：「整本雜誌都是在讚美你，你怎麼不看一下？」

史匹柏回覆道：「如果我現在相信他們對我的稱讚，那麼接下來，我就會相信他們對我的攻擊。」

所以我的建議是，聽見有人稱讚自己，尤其是那些不熟的人的稱讚，不要太當一回事，聽聽就算了，笑笑就完了。

什麼「你真可愛」「你好善良」「你真有才」「你好真誠」，都不算什麼正經詞。你都活這麼多年了，居然只有這些不實在的優點，不覺得搞笑嗎？

再說了，那麼在乎陌生人的評價，請問你是淘寶賣家嗎？

你到底是大樹還是小草，你自己要知道，不要聽到有人誇你是參天大樹，你就得意忘形地以為自己真的是大樹了。

不輕易相信別人的肯定和讚美，你就不會輕易被別人的否定和批評傷害到。

再講三個笑話。

A在商店門口偶遇了B，驚呼道：「我的天啊，我聽C說你上個星期去世了。在市中心醫院因為腦溢血去世的，說葬禮就定在明天，我都買好去參加你的葬禮的車票了。」

B笑著說：「你看我不是活得好好的嗎？你聽到的肯定是謠言！」

A回答道：「不可能，C說得比你可信多了！」

第二個笑話是我很喜歡的作家詹姆斯．特伯在《大壩垮的那天》中提到的。

在人頭攢動的街上，突然有一個人向東跑起來了，可能是因為約會要遲到了，也可能是因為別的什麼事。然後，另一個人也跑起來了，可能是個報童。接著，真有急事的胖紳士也跑起來了。不到十分鐘，整條街的人都跑起來了。有人喊「大壩」，接著有人喊「大壩垮了」，沒有人知道是誰先喊的，也沒有人知道到底發生了什麼，但是幾千人突然跑起來了。甚至還有這樣的喊叫：向東邊跑，那裡遠離河流，更安全。

第三個笑話更好笑。

一個年輕人裝修房子，想給餐廳的牆貼壁紙，不知道該買多少，自己又懶得測量具體的尺寸，就去問隔壁的大爺，因為兩家的戶型是一模一樣的。

大爺回覆說：「我家買了七捲。我記得很清楚，是在一家種了很多花的壁紙商店買的，我還很認真地比對了花紋。」

年輕人二話沒說，也去買了七捲，貼到第四捲的時候，發現已經貼滿了。於是年輕人就去問大爺：「我家怎麼多了三捲？」

結果大爺慢吞吞地回覆道：「這麼說來，你家跟我家一樣，都是多了三捲。」

不明真相卻還能滔滔不絕就像是親臨了現場，無憑無據卻言之鑿鑿就像是掌握了內幕，這樣的人給出的結論無非是：聾子聽啞巴說，說瞎子看見鬼了！

作家周國平曾寫過：「每個人都睜著眼睛，但不等於每個人都在看世界。許多人幾乎不用自己的眼睛看，他們只聽別人說，他們看到的世界永遠是別人說的樣子。」

導演楊德昌也在電影《麻將》裡設計過類似的台詞：這個世界上沒有一個人知道自己要的是什麼，每個人都在等著人家告訴你怎麼做，他就怎麼做。你要很有信心地告訴他們該怎麼做。

關於生活，其實大家都是矮子踮腳看戲——隨人說長論短罷了。但腦袋是你的自留地，不是別人的跑馬場。

怕就怕，在真相不清楚的前提下，你得出結論的方法是：全憑腦補！

於是，有人繪聲繪色地傳，有人毫不猶豫地信。

今天爆出某某做了壞事，一大群人就一窩蜂地去聲討；明天有人出來闢謠，於是又有一大群人跟著洗白。

今天看到某個爆炸性的新聞就滔滔不絕地點評、轉發新聞，明天被告知那是個假新聞，又馬不停蹄地去罵新聞爆料者。

一個新時代的年輕人最該有的姿態是，在事實尚未明確的時候，能夠耐心地等待真相！

比如你非常喜歡某個明星。

如果有事實證明他其實是個十惡不赦的大壞蛋，那麼你就應該檢討自己，為什麼會那麼盲目而狂熱地追捧他？你不該在他東窗事發之後，把自己描述成一個完全無辜的受害者。

如果他事實上只是無心之過，卻被很多人唾棄、咒罵，那麼你就不該跟風去抨擊他。你至少不該動搖自己的信念！

在蜂擁而至的消息和便宜的建議前面，你應該始終保持一種謹慎的態度：「我聽到的一切都只是一個觀點，不等於事實；我看見的一切都只是一個視角，不等於真相！」

在資訊爆炸的年代和見識有限的年紀，你應該努力讓自己成為一個有主見的人：不因曲解而改變初衷，不因冷落而懷疑自己，就算所有人都告訴你「那樣不對」，你也會像樹一樣不挪半步。凡是可以說的，都能說清楚；凡是不能談的，就能永遠沉默。

多聽，多求證；少爭，少嚷嚷；接受每個人的責難，但保留你最後的裁決！

反正到目前為止，關於「如何長命百歲」的問題，我多方求證的答案是：每天吃一顆肉丸，然後吃它個一百年！

24 勿因未候日光暖，擅自輕言世間寒

在我的辭典裡，「神經病」是個褒義詞。每次和老余見面的時候，我的第一句話都是：「神經病，你好啊！」

老余是我高中時結交的死黨。第一次上課，做自我介紹的時候，他一番慷慨陳詞，然後向全班同學發難：「初次見面就喜歡我的人，請舉手。」大家面面相覷卻無動於衷，於是他補了一句：「初次見面就不喜歡我的人，請倒立。」眾人哈哈大笑。

也就是那天，我做了一件我一生當中最奇怪的事。我走到講台邊，當著全班同學的面完成了倒立。

講台上的老余笑得快要站不住了，嘴裡喊的是：「神經病啊你！」

說起來也很奇妙，我和老余相識多年，也互損了多年。雖然後來我們去了不同的城市上大學，在不同的城市工作和生活，也會在電話裡「嘲笑」對方。

他嘲笑我腿短，我嘲笑他頭大；他看不上我寫的文章，我瞧不上他做的設計。

他手上有我打球時露出猙獰表情的照片，我手上有他被人拒收的情書原件。

他知道我第一天上班時錯進了女廁所，我知道他二十一歲那年尿過床。

我們互相保存了對方的糗事和醜照，友誼就像是完成了某個蓋章認證的儀式。

我們聯繫的頻率並不高，間隔最長的一次有半年沒有任何互動。但如果誰給對方撥通了電話，一小時是根本不夠聊的；如果聊一小時，那麼說正經事不會超過三分鐘。

基本都是「我和室友吵了一架」「我喜歡的人有喜歡的人了」「我做了一頓難吃的晚餐」「我買了一雙超喜歡的鞋子」「我家狗把糞便拉在沙發上了」「我養的仙人掌死了」……

何為友情？

就是一見如故，再見如初；就是沒事就對對方使盡嘴賤之能事，有事就拿命來挺對方；就是不需要浮在表面的客客氣氣，也不必在內心深處做足戒備；就是所有的碎碎念都能得到熱烈的回應，所有的無聊小事都能聊得熱火朝天。

擁有一個願意和自己分享生活裡的雞零狗碎，以及自己所有獨當一面和不堪一擊的樣子的朋友絕對是人生的一大幸事。

然而，在很多人的眼裡，友情被視為牆頭草，誰吹的風大就往哪邊倒。

有很多人感慨：「我有很多朋友，但沒有好朋友。」還有人唏噓：「生死之交遍布天南地北，同城卻找不到一個一起吃飯看電影的人。」

可問題是，你總把自己繃得緊緊的，一副刀槍不入、無所不能的樣子，那你的朋友得出的結論只會是：「看來你已經不需要我了。」

你說出的話總是前言不搭後語，你待人的態度總是不情不願，那你朋友的感受註定是：「原來你並沒有拿我當朋友。」

友情和愛情一樣，都需要誠信經營。

你沒想過要和某某人做一輩子的朋友，那你自然不會理解陳佩斯評價朱時茂時說的那句話：「從來都不會想起，但永遠也不會忘記。」

你沒有幸運到參加一場毫無壓力的朋友聚會，你自然就理解不了木心的那句詩：「昨夜有人送我歸來／前面的持火把／後面的吹笛。」

你什麼事都想爭個贏，什麼話題都想占上風，什麼虧都不肯吃，你把朋友當作辯手、梯子、靶子、路邊攤的小販，整天討價還價、斤斤計較，那麼你得到的自然是針鋒相對的人際關係和缺斤少兩的關懷。

你抱著一顆功利、世故、勢利的心參與社交，辛苦地假笑迎人，熱鬧地心口不一，那麼你擁有的只會是不可靠、不純潔、不牢固的圈子。確實，真心不一定能換來真心，但不真心一定會換來不真心，敷衍一定會換來敷衍，防備一定會換來防備。

手機那麼好玩，電視那麼好看，被窩那麼溫暖，為什麼朋友要忍痛放下它們來陪你？

洗髮精那麼貴，化妝品那麼貴，衣服鞋子那麼難清洗和打理，為什麼朋友寧可犧牲它們也要出門來見你？

人潮那麼洶湧，青春那麼倉促，為什麼朋友要選擇在你身上浪費時間？

所以，不要一有矛盾就任性地冷戰、絕交，一有分離就瀟灑地「再也不見」，然後說什麼「因為有了絕交，所以才有至交」「因為有了分離，所以才有新的遇見」。

我想問的是，難道不是因為有了這麼多隨隨便便的「絕交」和不可避免的「分離」，所以你越來越沒有什麼朋友嗎？

一個善意的提醒：不論是出糗，還是露出破綻，多留一些「把柄」在你認為重要的人手上，才會讓人念念不忘！

可可小姐常年紮著一個馬尾辮，雖然她遠嫁杭州多年，但心裡住著的小孩還是不想長大。

大概是從朋友那裡聽了太多婆媳不和的事情，可可小姐在很長一段時間裡都以為，婆媳就是天敵！

在她的孩子出生的那天，可可小姐剛被推進產房就怪叫了一嗓子，醫生和護士趕緊問她怎麼了，結果她握緊的拳頭裡遞出來一張紙條，上面寫的是：「大慈大悲的醫生，如果一會兒發生了意外，不管外面那幫人怎麼說，請你一定要先保我。」

醫生和護士都被她逗樂了。然而讓可可小姐沒想到的是，護士小姐從口袋裡掏出了另一張小紙條，上面寫的是：「如果發生了意外，請一定要保住大人。」落款人正是她的婆婆。

後來的相處也再三證明，可可小姐想多了。

有一次，可可小姐和她老公吵架了，氣得跑到陽台上悶聲哭。不一會兒，她聽見婆婆在大聲地訓斥老公：「你家祖墳冒青煙了才找到這麼好的媳婦，你居然還氣她？你混蛋不混蛋？」然後又過來安慰可可小姐：「男人都不是什麼好東西，別理他，氣著自己不值得。」

看著婆婆像閨密一樣維護自己，可可小姐的氣瞬間就消了。

還有一次，全家人去澳門玩，她老公看中了一條花紋領帶，婆婆攔著死活不讓買：「兩千多人民幣買條領帶，你以為你是暴發戶啊？」後來可可小姐試背了一款包包，標價五千多人民幣，她婆婆連連稱讚「你背著真好看」，然後非常痛快地替她買了。

她在一旁的老公不樂意了：「到底誰是親生的啊？」

我想說的是，婆媳雖不是母女，但絕不是天敵。

婆媳可能是世界上最微妙、最難搞的關係，皆大歡喜的少，劍拔弩張的多。兒媳因為婆婆年紀大了，就認定她沒見識、沒思想；婆婆因為兒媳年紀小，就認定她不懂事、不可靠。彼此帶著偏見相處，只會將細微的不滿和無意的怠慢無限放大。

於是，「提出建議就是對我強烈不滿」「眼神飄忽就是有事想要騙我」「拒絕照我說的做就是不知好歹」「沒有主動跟我說話就是生我的氣了」……

久而久之，婆媳關係就從「偶爾不滿」升級成了「飽含敵意」，定格為「我看不慣你，但也不想慣著你」和「我不怕你，而且不怕你討厭我」。

是的，破罐子破摔很酷，不顧對方的感受說出狠話很酷，單方面「宣戰」很酷……但是，容忍也很酷，照顧家庭成員的感受也很酷，在事態嚴重之前選擇停戰也很酷。

我想說的是，對抗真的太容易了，但把生活過好才是真的酷！

因為你要明白，生活的目的不是以「同歸於盡」的方式去辨明對錯，而是要為自己營造一個舒服、自在的生活環境，要給孩子打造一個積極、健康的成長空間，要為愛的人建立一個放鬆、溫馨的家庭環境。

和諧的婆媳關係是：自有主見卻不會自作主張，能聽意見但不必唯命是從！

做兒媳的，你對親媽比對婆婆更親熱很正常，買更貴重的禮物給親媽很正常，拿更多的時間陪親媽也很正常。

但希望你同時能理解，做婆婆的關心她兒子比關心你更多很正常，給兒子的讚美和掌聲比給你的更多很正常，有意無意間表現出「站在兒子那邊」也很正常。

做婆婆的，你可以要求兒媳尊重你，但希望你同時能明白，你不是她親媽，既沒有生她，也沒有養她，除了給她一個老公和一點彩禮，你對她個人而言沒有什麼付出。

所以，你對兒媳的否定意見應該有所保留，而不是打著「都是為了你們好」的旗號去下命令；你對兒媳的天然敵意應該有所克制，而不是以「過來人」的身分橫加指責。

做老公的，你可以對自己的妻子說：「她是我媽，年紀大了，你讓著點。」但同時希望你也對自己的親媽說：「我們是一家人了，她是我的妻子，也是你的兒媳，是晚輩，請你多擔待點。」

婆媳矛盾如果轉換成婆婆和老公的矛盾，或者轉換為兒媳與兒子的矛盾，就會相對緩和得多。老公有心去調節，婆媳都會收斂三分。否則的話，世界上就會多出兩個怨婦和一個失意的已婚男人！怕就怕，有些笨蛋老公就像打火機一樣，哪裡不火點哪裡！

收到一個男生的私訊。他說自己是一個工作大半年的職場新人，在公司裡待人禮貌，有求必應，但幾乎沒有人叫他參加同事聚會；在工作上任勞任怨，可主管給他分配的都是複製貼上、整理文件的雜活，他感覺自己像個外人，像個保姆。

這也就算了，公司前陣子來了一個新員工，整天嘰嘰喳喳地說個沒完，不管是同事還是主管都被他逗得哈哈樂。

讓這個男生崩潰的是昨天，總監拿水果給大家吃，直接越過他的腦袋遞給了新來的那位同事。

男生非常失望地說：「我勤勤懇懇大半年不如他溜鬚拍馬一個月，人情社會真的太噁心了。」

我回覆道：「親戚是越走越親，人情是越用越厚。人情社會沒有問題，有問題的是你不能適應人情社會。」

我想說的是，真正把你比下去的，不是別人擅長討喜、比你能說會道，而是你長期把自己鎖在不甘心的情緒裡，想要出人頭地卻在實力上長進甚微。

真正讓你難受的，不是人情社會的惡劣，而是你只看到了他溜鬚拍馬的表象，卻沒看到他能力出眾的實質；只看到他四處閒聊的熱鬧，卻看不到他溝通和學習的主動性。

任何社會都多多少少會講人情，但不是只講人情；大多數人都喜歡聽好話，但真正有用的不只是好話。

在人情社會裡，不要死盯著它「虛假」的一面，不妨將人情社會當成一場假面舞會。大家戴著各式各樣的面具，有人凶神惡煞，有人悠然自得，有人得意揚揚，有人笑容可掬，沒有人知道面具之後是什麼樣的人。

但是，如果你用真誠去與人接觸，那麼你還是會遇到一些或者有趣或者有用的傢伙。就像一位作家說的那樣：「社會只愛健康的、聰明的、肯拚命的人，誰耐心跟誰婆婆媽媽，一目了然。生活中一切都變成公事，互相利用，至於世態炎涼，人情淡薄，統統是正常的。」

最要緊的是，你要練出真本事。要日復一日地投入時間和精力，而不是日復一日地逃避和抱怨。

想對一些有上進心的職場新人說，如果一個老闆大大方方地跟你談錢，那他跟你談理想的時候，你一定要認真聽，因為你極有可能在他的未來規劃之中。怕就怕，他只跟你談理想，從不談錢。用大白話翻譯一下就是：什麼都不想給你，又什麼事都想讓你做。

想對一些有野心的老闆說，如果一個員工底氣十足地跟你談錢，那你一定要給出有誠意的回應，因為他十有八九是有能力為你賺錢的。怕就怕，有些員工從不要錢，也從不賣力幹活。

現實的殘酷之處就在於：不管你有沒有努力，一旦你搞砸了，就一定會有人認為是你不夠努力。

而現實的美好之處在於：不管你曾經何其卑微，一旦你做出了成績，全世界都會對你和顏悅色！

面對著洶湧澎湃的現實，很多人常常會感到自身的渺小和無力，會感受到現實的強大和不講理。

於是，一遇到不公平就懷疑所有的公平、正義、規則，一遇到欺騙就懷疑所有的真善美，一遇到聊不來的人就急匆匆地分道揚鑣，一遇到不如意就難以自拔地灰心喪氣……

然後，一點風吹草動就讓你的內心緊繃，一點道聽塗說就讓你高度戒備。結果是，你的心眼越來越小，你的心臟越來越脆，你的生活態度越來越消極。久而久之，你變成了玻璃心，還患上了「被害妄想症」。但我想說的是，在這個光怪陸離的世界裡生活，誰都會受點委屈，誰都會有苦衷，誰都是如此！

誰沒有遇到過飛機誤點？誰沒有被搶過道、插過隊？誰沒有被人欺騙和辜負過？誰沒有遇到過不負責任的同事？誰沒有幾次徒勞無功的努力？誰沒有遇到過幾個讓人討厭的上司？

誰沒有被父母誤解過？誰沒有幾次無疾而終的愛情？誰沒有幾個分道揚鑣的朋友？

正是因為現實並不是十全十美，所以才值得你為之努力；也正是因為生活不會總是順風順水，所以你更需要保持樂觀。

接受現實才能被現實接受，相信美好就會遇見美好。不要讓自己停留在臭烘烘、溼答答的角落裡，誤以為全世界都是這樣。不是的，世界上還有很多很多的美好，等著你去發現和感應。

生活向你亮出刀刃的時候，不要每次都被它嚇得落荒而逃，而是要拿出耐心，相信它還會拿出一塊蛋糕來！

這樣的你，就會在無人捧場時也能幽默自嘲，在吃過暗虧後還能仗義相助，在不被欣賞時依然氣定神閒，在得不到回應時仍舊一往情深。

有人覺得這很心酸，有人因此而與眾不同！

25 時間只是一個自稱能包治百病的庸醫

徐嬌講事情總是喜歡鋪墊，比如昨天，她跟我聊她爸爸，卻從她「煩人」的老公說起。

徐嬌問她老公：「我的黃瓜口味洋芋片哪兒去了？」

玩手機的老公答：「不知道。」

徐嬌追問：「是不是你吃了？」

對方答：「我沒有，是你自己吃了吧？」

徐嬌不高興了，吼了一句：「豬吃的！」

對方也加大了音量：「是豬吃的！」

兩個人都不示弱，迴圈了八遍之後，在整理廚房的老爸插話了：「我吃的！」

徐嬌竊笑了好半天，之後又拿著平板電腦看了半集電視劇，她爸爸才從廚房裡忙完了出來。

徐嬌說：「爸，你歇一會兒吧。」

她爸爸指著手上的垃圾袋說：「等我下樓扔了這個，我就歇會兒。」看著爸爸彎腰駝背地拎著垃圾袋往門口走，她的心「咯噔」一下，因為那個「等」字。

她著重強調了她爸爸慣用的句式：「等……就……」

上中學的時候，他總說：「等你考上大學，我就安心了。」

考上大學之後，他總說：「等你畢業找到工作了，我就享福了。」

工作之後，他又說：「等你結婚了，我就踏實了。」

結完婚，他還是閒不下來：「等你有了孩子，我就不那麼著急了。」

徐嬌有了孩子之後，他又說：「等你的孩子上學了，我就徹底輕鬆了。」

徐嬌對我說：「我把他接來我家是為了讓他安享晚年的，結果他像個保姆一樣，又照顧孩子，又做家務，攔都攔不住。真是不知道該怎麼勸他！」

我回覆道：「你不用勸啊，你把日子過好了，不管他做什麼，吃什麼，在哪裡，都是安享晚年。如果你的日子過不好，就算他住在皇宮裡，天天吃山珍海味，也是折磨。」

換句話說，你不快樂，才是不孝；你不幸福，就是辜負。

時間是一個庸醫，它治癒不了父母對子女曠日持久的擔心。

縱然父母盼望的每件事都如期而至，但因為對子女的關心絲毫不減，所以總是習慣性地把承諾一拖再拖。

他們在工作中挺著，在家務中扛著，用肩膀承受著年齡和角色給他們的重壓。他們也會累，也會疼，但因為有他們想要保護的人，所以裝得無所畏懼，累得甘之如飴。

那麼你呢？是不是也在頻繁地使用「等……就……」的句式呢？

小時候信誓旦旦地說「等我長大了，就給你們買大房子」「等我有錢了，就給你們買大飛機」。

後來，你去了幾次遠方，就炫耀式地向他們保證「等我有機會了，就帶你們去看看這裡」「等我有錢了，就帶你們去吃這個」。

再後來，你在遠方落地生根，口吻卻依然不變，「等我放假了，就回家多待幾天」「等我忙完這陣子，就帶你們去旅遊」。

更有甚者，因為父母不能在經濟上滿足自己，還滿心的委屈，覺得自己的人生被父母拖了後腿，內心深處的想法是：如果自己有厲害的父母，一定能比同齡人更成功。

全天下的笨蛋孩子，你來到這個世界，不只是來貪圖享樂的，還是來還債的。你的債主不只有房貸、車貸和各式各樣的分期付款，不只有你的伴侶、孩子，不只有你的遠方、夢想，還有你的爸爸媽媽。

在無情的時間面前，子女的成長和父母的衰老並肩而行。子女們不知不覺地羽翼豐滿，父母則悄然老去！

有人說，誰都有犯錯的時候，這就是要給鉛筆裝上橡皮擦的原因。

可在「孝」與「順」這件事情上，你犯錯時用的工具是刻刀，是油漆，橡皮擦不會總是有用！

別忘了，為人子女是有「有效期限」的！

一天深夜，D姑娘突然對我說：「老楊，我好難過。剛才手賤點開了前男友的社群帳號，知道他又戀愛了。那個女生比我好看，比我家境好，比我溫柔。我知道我配不上前男友，但在一起三年多了，也付出了那麼多，所以分了大半年，還是很想他。馬上要考試了，我一點心情都沒有，根本就看不進去書，感覺自己很沒用。」

我回覆她：「嗯，你確實挺沒用的。那就別看書了，繼續想他吧，等你耗光了這個月，就不用考了。」

她說：「這個回覆不夠犀利，有沒有那種慘絕人寰的？」

我答：「他們很甜蜜算嗎？」

她發了一堆捂臉的表情，接著說：「太狠了！可是老楊，不是都說時間能治癒一切嗎？為什麼我還是忘不了他？」

我回答道：「時間並沒有治癒什麼，它只是給了你喘息的機會，讓你去處理傷口。在這段時間裡還會發生一些別的事情，就像大雪一樣，一層一層地蓋住傷口。但這只是蓋住了，傷口並沒有治癒，只要你想刨，總能刨出點哀怨和不甘心來。」

我知道，有人會勸你去旅行，去喝醉，去消費，去找新歡，但旅行回來依然失落，酒醒之後依然難過，餘額為零時依然惱火，夢醒時分發現自己並不喜歡新歡……這時你才發現，時間並不可靠。

還會有人安慰你「都會過去的」，可你看書的時候發現他在文字裡，走路的時候發現他在人海裡，看電影的時候發現他在故事裡，睡覺的時候發現他在夢境裡……

於是你自艾自怨地唱：「你是我患得患失的夢，我是你可有可無的人。畢竟這穿越山河的箭，刺的都是用情致疾的人。」

其實，真正能治癒你的，從來不是時間，而是明白！

明白自己還有很多要緊的事情要做，所以往事不提了，就此別過吧！

明白時間是轟隆隆地朝前飛馳，只要不回頭看，那麼之前的種種就不可能再出現了。

明白生活還要繼續，日子還得過；明白自己的想法、感受和標準都是會變的。

明白登上的車次錯了就是錯了，不能因為花了車票錢就拒絕下車，那只會讓自己錯得越來越離譜。

錯的人不會因為你日思夜想、念念不忘就變成對的人。但不可否認的是，錯過的人也是你深愛過的人，不會因為封鎖、斷交就會變成毫不相干的人。過往的回憶會像圖釘一樣留在時間的長軸上。

但慶幸的是，一定會有一些更大、更美好的回憶出現，之前的那顆圖釘慢慢就顯得微不足道了。

在電視節目《奇葩說》裡，馬東說了一句話：「隨著時間的流逝，我們終究會原諒那些曾經傷害過我們的人。」

蔡康永隨即補充道：「那不是原諒，那是算了。」

是的，時間不會治癒什麼，只是讓我們曾經覺得無比重要的事情變得不那麼重要了。很多人都說「時間是感情的殺手」，認為是時間讓彼此變得不可愛了。其實，時間只是代罪羔羊，真正的感情殺手是漠視：你對他的好視而不見，卻還抱怨他對自己不如從前；你對自己的不好習以為常，還逢人就說自己為愛痴狂。

日久生「厭」的真相不是「日久」，而是一開始你們兩個人都太擅長偽裝了，所以彼此看到的是對方裝出來的「可愛」和「美好」。

所以，當一個人才見過你一次，就說非常喜歡你，請不要急著得意。因為他只是喜歡他想像中的那個你，但實際上，那個被他想像出來的你，你可能很難成為。

所以，當你非常喜歡或者非常討厭一個人的時候，請不要輕易說「永遠」，你根本就不知道「永遠」有多遠。那個你愛得死去活來的人，可能沒過幾天，你連他說話的語調都受不了了；那個你恨之入骨的混蛋，可能就過了兩三個月，你連他的姓氏都想不起來了。

換言之，時間不能從根本上治好你的傷和病，但它卻在事實上緩解了你的痛與恨。

當你經歷了這樣的錘鍊，你就不會指望時間來給你安排一個十全十美的人，而是卯足了勁變成自己喜歡的那種人。

你才能得到那些讓自己釋然的「明白」，才能從孤立無援變得獨當一面，而不再有不切實際的幻想與不合時宜的想念。

那個人的名字、聲音、笑臉、背影、格子襯衫都不再特殊了，沒有了他，你也可以扭開瓶蓋，獨自回家，可以一個人去看山看水，走走停停，可以一個人吃飯睡覺，不徐不疾……

如此說來，沒有哪一段感情是在浪費時間。如果它沒有給你想要的，那麼它一定讓你知道了：什麼是自己不想要的。

有個男生私訊我，說他的人生毀了。上班沒有熱情，做的都是不用腦子就能完成的事；下班沒有樂趣，大半年了沒參加過一次聚會。他說他每天都很焦慮，很無聊，也很無助，不知道該怎麼努力，也不甘心就這麼混著。

他描述他的近況時貌似很激動，以致所有的標點都是逗號：「我最近的運氣太差了，像是中了邪一樣，一點不愉快的小事都會被我無限放大，直到讓我崩潰。比如今天早上，我頂著北風站在路邊招計程車，好半天都攔不到車，突然出現了一隻玩具貴賓，衝著我一頓狂叫。主人笑著把牠拽走了，我假裝很鎮定，等牠走遠後，自己居然哭起來了，覺得全世界都在欺負自己。然後，我的腦海裡面湧現出一堆難過的事情，包括幾次失敗的戀情，包括找工作碰的壁，包括主管的白眼和不耐煩，我就非常悲觀地想，自己做人太失敗了，自己的人生毀了！」

然後，他的問題像磚頭一樣向我砸來：「你覺得我的人生還有救嗎？你覺得我的明天會變好嗎？」

我沒有回答，而是反問了三個問題：「你有多久沒有認真地看完一本書了？你有多久沒有主動給你的朋友打電話了？你有多久沒有挑戰自己了？」

我想說的是，你的明天會不會更好不在於你當前有多焦慮、有多慌張，而在於你做了什麼！

你要想超出你的同齡人一點，不能期待所有人都後退一點，而是你要比他們更加努力，更能堅持！

你要想改變你當前的處境，不是等著網路上轉發「錦鯉」圖改運幫忙、霉運結束，而是捨得花費時間和精力，捨得折騰自己！

轉運最有效的「錦鯉」圖是努力，擊退霉運最有用的招數是更加努力！

怕就怕，你一邊發自內心地羨慕別人的本事、身材、地位或才華，一邊卻把自己的手腳綁起來，困在被窩裡、遊戲裡、手機裡、回憶裡，然後沮喪地等著時間來救援！

心裡想的是「春有百花秋有月，夏有涼風冬有雪，四季如畫」，現實中卻是「春睏、夏倦、秋乏、冬眠，四季如夢」。

青蔥歲月就像是自帶美顏效果的相機，它會給你謎一樣的自信，讓你覺得前途一片光明，以為世界總有一天是自己的，以為耗光當前的霉運，餘生就是坦途。但隨著時間的流逝，當你去到自己的未來時，你可能會感受到它的不近人情，以及自己的無能為力！

時間不會拯救你，「錦鯉」圖也不會。如果你沒有腳踏實地的努力，沒有按部就班的實際行動，那麼來日沒有什麼可期的，明天也不會更好，最好也不過是你當前窘境的複製貼上罷了。

當然了，如果你覺得難過和憂愁就能改變過去或未來的某件事，那就請你繼續難過和憂愁。

社群網站上有個問答題：「如果你能回到高二，離上課還有四分鐘，你會對自己說些什麼？」

獲讚最多的回答是：「曾經氣勢如虹，希望持劍屠龍的少年，我讓你失望了。」

人是最擅長幻想和後悔的生物！

當你懵懂無知的時候，你對萬事萬物滿是好奇，想吃最好的食物，想要去最遠的地方，你覺得自己永遠不會變，永遠不會屈服於權威和金錢……可等你對這世間略懂三分的時候，卻又想變成一無所知的小朋友。

當你正享受「集萬千寵愛於一身」的時候，你拚了命地想變成「無拘無束」的大人。你敢愛敢恨敢造次，想要一段轟轟烈烈的愛情，想要一段瀟瀟灑灑的人生。你覺得自己會永遠忠誠於自由，永遠愛恨分明。可等你變成當前這副德行的大人時，你又恨不得造出一台時光機器，把自己送回童年。

時間只是一位自稱能包治百病的庸醫。

它只負責流逝，不負責讓你成長；它只負責掩埋，不負責療傷；它註定帶來蒼老，但不一定帶來成熟。

它製造了很多美好的幻想，卻留下了很多的遺憾；它只是一個無情的看客，而你要自行承擔過程和結果。

認清了這一點，你就不會在努力這件事情上心存僥倖，就不會蠢到用認識的時間長短來衡量感情，就不會笨到用誓言的多少來衡量忠誠；就不會花力氣去粉飾過去，也不會浪費精力去編造未來，而是關心現在，並努力地活在當下。

想要什麼，就從現在開始努力爭取；失去了什麼，就當是從來都不曾真正擁有過。想通了這一點，也就沒什麼好糾結的了。

哦，對了。

最好不要幻想回到高二，以大部分人現在的學識，最好是回到幼稚園。因為真要是回到高二，你極有可能會因為成績差太多而被學校勸退。

26 誰不是上一秒「媽的」，下一秒「好的」

進入職場後，誰的抽屜裡都有幾封辭職信，不是你寫給老闆的，就是老闆寫給你的。

我曾收過一份辭職信，寫信的是個二十歲出頭的男生，他不是向我辭職的，而是拜託我給他的辭職信把把關。

實話說，那封信寫得很空洞，百分之九十是冠冕堂皇的感謝，百分之十是毫無意義的祝福。我讀了兩遍，還是不知道他為什麼要辭職。

我建議他加一些辭職的原因，結果他的話匣子「砰」的一聲炸開了，抱怨、憤懣和不甘心全都噴湧出來。

他說，不管自己多麼努力，老闆就是閉口不談升職加薪的事情。即便他主動去問，老闆也是避重就輕地跟他談人生，聊聊公司的大好前程，然後給他畫幾張漂亮的大餅。

他說，他每個月有一半的時間是在通宵寫程式，可老闆頂多就是誇幾句；其他人每天在混日子，老闆竟也沒當一回事；更讓他生氣的是，有一個天天在電腦前喝茶聊天的同事，老闆卻對他格外照顧。

他說，跟他一起畢業的大學同學好幾個都成了公司高階主管，年薪百萬人民幣，而他還在跟一個四十多歲的大叔合租一套老房子，居住證都沒辦下來……

他滔滔不絕地陳述著老闆和公司的種種不合理，同時把自己的心酸和可憐毫無保留地倒出來了，慷慨得就像一個國王在大擺筵席。

我對他說：「其實，大家都差不多，再喜歡的工作也會有讓人崩潰的時候，再成功的老闆也有讓人憎惡的時刻。在職場上，你並不是例外。」

事實上，在職場裡遇到完美老闆和在情場上遇見滿分戀人的機率是一樣的，都接近於零。比如，聰明的老闆多少有點勢利，不勢利的老闆有可能小氣，善良的老闆也許會懦弱，強勢的老闆又可能會武斷……

換句話說，你所有的選擇，無非是在有這種缺點的老闆和有那種缺點的老闆之間選擇，不過是「兩權相害取其輕」罷了。

作為員工，最好能認清兩個基本事實。

（一）努力工作確實可以感動老闆，但不等於他會給你升職加薪。老闆會被你的努力感動，甚至一天可以感動好幾次。但是，如果你想讓他為你的努力買單，他的態度就會從「感動模式」切換成「考慮模式」。

因為老闆要對公司利潤負責，而不是對你的個人情緒負責。所以他會去衡量：你給公司創造的價值是否大於公司給你的待遇？辭掉你，給公司造成的損失是否大於公司為你升職加薪的成本？

（二）關於老闆偏心這種事情，你就更沒有必要怨天尤人了。不要以為老闆笨，或者老闆是做慈善的。

老闆會花錢養著那些不努力、不上進的閒人，是因為老闆在某些時候、某些方面還需要他們，相比於辭掉這些人，養著的成本其實更低。

至於對少數人特別殷勤，恨不得燒香供著，那極有可能是因為這個人的社會地位、家庭成員能給老闆帶來資源、交際上的便捷。也就是說，這個人天天坐在辦公室裡追網劇、逛網店，也比某些普通員工任勞任怨地工作更有價值。

職場中最殘酷的真相就是：一看都是情義，一算都是生意！

趙姑娘在辭職之前也找我吐槽了很多，我之所以對此印象深刻，原因之一是她向我發了五個兩百元人民幣的微信紅包，說是「租用」我半小時，我特別喜歡這種直接而又純良的金錢交易。

事情大致是這樣的。作為公司行銷部門的成員，趙姑娘沒日沒夜地鏖戰，前前後後修改了八遍企劃案，結果老闆只看了五分鐘就給出判斷：「你用了一個月的時間就做出這種狗屎一樣的東西？」

「狗屎」兩個字砸過來的時候，趙姑娘感覺自己被人當頭打了一棒子。她委屈、生氣，又著急，剛想要解釋，老闆直接把企劃案扔到垃圾桶裡了，然後冷漠地對她說了兩個字：「重做！」

她心裡默默地罵了三遍「媽的，大混蛋」，然後大聲地回答「好的，老闆」。

她說：「我真的受夠了這種不近人情、毫無人性的老闆，也受夠了這種沒有自由、毫無樂趣的公司。」

我問她：「那你想好下一步怎麼走了嗎？」

她說：「沒想好，大不了做個自由職業者，租輛車到處逛，抽空寫寫文章，多美好！」

我追問：「你確定你當得了自由職業者？你確定你羨慕的是那種沒有工作、居無定所的生活？你確定你在開了七八個小時的車之後還能寫文章、做文案？你確定你能忍受那種有時間、沒收入的日子？」

她說：「你不是應該鼓勵我嗎？幹麼打擊我？」

我說：「我沒想要打擊你，而是希望你想清楚，到底想要什麼樣的未來，以及自己能承受怎樣的代價。」

我想說的是，明智的辭職是你確認了面前有一個更好的機會，而不是因為「我煩死了」「我氣死了」「我受不了了」。

辭職不應該是對當下問題和困難的逃避，而應該是對未來去向的選擇。

只有弱者才會在自己能力糟糕、情緒崩潰的時候憤而辭職，強者則會目標清晰地坦然離去，因為他知道去哪裡，他的動機是去尋求更高的平台、接受更大的挑戰。

事實上，沒有一種工作是不委屈的，誰都能輕易找出一大堆辭職的理由。

比如，老闆有眼無珠，不信任員工，不放權；同事勾心鬥角，不團結，不上進；公司裡充滿了阿諛奉承，員工的工作效率就像是老牛拉破車……

又比如：「為什麼背黑鍋的人是我？」「為什麼吃力不討好的人是我？」「為什麼占便宜的是那個擅長邀功的人？」「為什麼我的努力最終都成了無用功？」

可問題是，誰不是一邊繃不住了，一邊還用力地繃著？

菜鳥的職場不是快不快樂的生活問題，而是錢夠不夠花的生存問題！

特別強調一下，不要拿「錢少事多離家遠，位低權輕責任重」作為自己理直氣壯去辭職的理由，畢竟，這個世界上根本就沒有一種工作是「錢多、事少、離家近」的，也沒有一個職位是「位高、權重、責任輕」的。

那麼，老闆就比員工活得更舒服嗎？

不一定，老闆可能比員工還要委屈！

自從老曹創業之後，我和他很久沒見了。前不久，他找我吃飯。剛一落座，他就點了一大桌子吃的，我笑著問他：「曹老闆，撐死算工傷嗎？」

當老闆之前，老曹在一家很大的廣告公司做設計總監，因為身居要職，而且貢獻最大，他常常不把老闆放在眼裡。在一次不大不小的決策失誤之後，老闆批評了他兩句，結果他當場就爆炸了，朝著老闆吼道：「你腦子進水了吧！」

再提及當年，老曹一臉的尷尬：「我以前總覺得老闆很白痴，什麼都不懂，又什麼都要管。現在才知道，我才是白痴，是腦子進水了，居然自己做老闆！」

我笑著說：「你這老闆不是當得挺好的嗎？有錢賺，又自由，決策上霸道、獨裁，張嘴閉嘴談的都是百八十萬人民幣的生意。」

他連連擺手說：「鬼哦，你是不知道當老闆有多慘！」然後，這場聚餐的性質由把盞言歡變成了訴苦大會。

「要說自由也確實自由，想幾點去上班就幾點去，可我心裡沒有一刻是踏實的。心裡裝的都是進度、開支、催款、投訴這些亂七八糟的事情。完全沒有以前上班打卡時的那種心安理得，我現在每天都很惶恐、焦慮，感覺隨時都會被取代、被淘汰。

「要說賺錢也確實賺了一些，但是不敢花。因為賺錢太難了，花出去太容易了。一方面，十幾個員工等著我給薪水，房租、水電、貸款也在等著我；另一方面，客戶的欠款不知道會拖幾個月，公司的某個環節出錯了又不知道要罰扣多少錢。

「客戶和員工都可能站在我的對立面，因為客戶是花錢買服務的，他才不管我熬了幾天夜；員工是花時間來賺錢的，他才不管我跟人賠了多少笑臉。

「優秀的員工覺得自己翅膀硬了，經常不把我的話當回事；不優秀的員工覺得自己賺少了，也不把我的話當回事。

「不管我花了多少精力和成本去培養一個新人，但凡他練出了一點點本事，就隨時可能會跳槽，一點面子不留。

「留下來的老員工也不叫人放心。我在辦公室裡，他們是小長假；我出趟遠門，他們就是寒暑假。」

說到這兒，老曹特意講了一個插曲，差點沒笑死我。說是他公司有個小女生向他辭職，老曹問她為什麼。

結果對方耿直地說：「公司要倒閉了，你看不出來嗎？」

老曹說他當時氣得臉都綠了，卻只憋出一句話：「好的，祝你前程似錦。」

你看，即便是一個公司的老闆，也有如此多的怨氣，也有那麼多不足為外人道的無奈，但因為身處其位，因為還抱有希望，因為還有熱愛，所以他可以接受員工的敷衍、誤解，甚至是背叛，做到「睜一隻眼，閉一隻眼」；所以他受得了客戶的挑剔、為難，甚至是違約，做到「一邊崩潰，一邊自癒」。

快要下班了，老闆給你安排了新任務。你心裡各種咒罵，但面露微笑地說：「好的。」

要出國旅行，根本就不熟的朋友找你代購馬桶蓋。你心裡各種不爽，但還是一臉和藹地說：「沒問題。」

幾十年不說話的同學突然加你社群帳號，邀請你參加他兒子的滿月宴。你心裡一陣反胃，但還是痛快地回覆：「一定到場。」

生活是個狠心的編劇。它給了你掌聲，也賞了你耳光；給了你免費的美好，也給出了你怎麼努力都得不到的美好；給了你知心的朋友和親密的伴侶，也逼著你對討厭的人強顏歡笑；給了你無盡的美食，也讓你變得大腹便便……

但你可以選擇做個出色的「演員」。別人只能看你的心平氣和，但看不到你在難關面前手忙腳亂地賣力死撐；別人只能看到你在人前笑得沒心沒肺，卻看不到你在深夜裡泣不成聲；別人只能看你在社交軟體上的精修過的美好和熱鬧，卻看不到你獨處時的無奈和煎熬。

因為你知道，喪氣，一點都不酷，它太容易了，頂住一切去熱愛才是真的酷！

難怪有人說：「小時候，哭是搞定問題的絕招；長大後，笑是面對現實的武器。」

誰都有情緒崩潰的時候，誰都想過「老子不幹了」「老娘要辭職」，想著拍桌子，或者衝進老闆的辦公室裡對他吼一頓……

然而，你最終還是忍住了，因為你不知道自己下一份工作會不會更糟糕，因為你擔心信用卡帳單和銀行貸款還不上，因為你怕家裡人擔心……因為你知道，一時衝動造成的殘局會難以收拾。

所以，你自我拉扯了一整天，艱難地熬到下班，艱難地回家睡覺，然後第二天早上按時起床，化著精緻的妝，穿著得體的衣服，擺著體面的笑容，像永遠不會死一樣，把自己硬拽進辦公室這個沒有硝煙的戰場。

快活的人生不是用逃避的方式來忘記眼前的苟且，而是用硬幹的方式去直面問題。而所謂的詩意與遠方，其實就是你處理完這些問題之後得到的獎賞。

失望就應該被希望鎮壓，悲傷就應該被努力節制，在一個人對生命的全部依戀之中，有著比世界上任何痛苦都要強大的東西。

做一個不動聲色的大人吧，沉迷又獨立於俗世，活得無怨並且盡興，歸來時滿載而且清白。

27 純潔不是知道得少，而是堅守得多

耶誕節的那天，我寫稿子到晚上十一點多，手機突然響了，是胡娟發了訊息給我。她沒頭沒尾地說了一句：「老楊，我今天做了一件超級蠢的事。」

她說的蠢事其實是赴了一場本不該去的約會。

當天晚上八點多，在家待了一天的胡娟接到了一個男生的電話，約她去逛街、看電影。約她的男生是她高中時的班長，他倆多年不見，只偶爾在通訊軟體裡閒聊幾句，胡娟印象中的他很憨厚，當年對自己也非常照顧，兩個人還曾以「兄妹」相稱。也許是因為節日的緣故，也許是因為心情不太好，胡娟赴約了。

約會很愉快，他們像老朋友一樣談天說地，然後吃東西，看電影，結果就在送胡娟回家的路上，男生突然抱住胡娟，並強吻了她。

胡娟可是個烈女子，掄起胳膊就給了男生一記耳光，然後落荒而逃。

回到住處，胡娟鎖緊房門，洗了五遍臉，刷了三遍牙，但依然覺得害怕，隱約還夾雜著一些反胃。

她說：「其實這事也怪我想得太單純了，我不該高估了友情，就算他平時很老實，很有修養，我也不該大晚上去赴約。他可能會覺得，這麼晚還能出來玩，就是默認了我願意和他發生點什麼。」

我毫不留情地說：「是的。一個女孩大晚上單獨赴約，而且約會對象還是一位久未謀面的異性，如果你事先沒有任何估量或者提防，你這根本就不叫單純，只能叫幼稚；如果你早就感覺到了對方的暗示，僅僅是因為無聊或者孤獨而赴約，那你的行為更不能算單純，只能叫利用。」

我想說的是，這麼大的人了，若是什麼都不懂，那不是單純，是傻。

未經世事的那種單純，就像是沒有經過考驗的道德，就像是沒有受過誘惑的忠誠，隨時都會將自己置於危險的境地。

我所理解的單純，是懂得很多套路，卻不容易被人套路；是聽得懂別人的言外之意，卻能堅守自己的原則；是知道這個世界上有很多可以利用的人，卻不隨便用；是說話、做事、交友的過程中，不附加任何的利益和目的；是在面對誘惑時，不迷失自己的本性；是身處在孤獨的漩渦中，能夠在精神和生活上自給自足。

我所理解的單純，是不用假裝聽不懂別人的話，不用掩飾對某個人、某件物品的喜歡或厭惡，是能夠掂量出異性所說的「我請你吃飯」「我陪你聊聊」「來我們公司」「我養你啊」「可以抱抱你嗎」之類的言語中有多少真心實意，又有多少是腎上腺素指使的。

給女生的善意提醒：不要僅憑很久之前的好印象就無條件地對人產生信任，也不要僅憑幾次不明確的示好就卸下防備，那些對你關懷備至，看起來和你的哥哥、爸爸甚至是爺爺年紀相仿的人，也許並沒有把你當妹妹、女兒或者孫女看待！

曾有個男生問我：「你相信異性之間有純潔的友誼嗎？」

我說：「我相信。」

他又問：「那你相信異性之間有能睡在一張床上卻不動邪念的友誼嗎？」

我說：「我也相信。」

他以為找到了知音，然後大膽地向我描述他和一個女性朋友的「純潔友誼」。

他說他有一個非常喜歡的女朋友，還有一個非常聊得來的女性朋友。一個週末，那位女性朋友找他談心，然後他就去了那位女性朋友的家裡，兩個人喝著啤酒，談著心事，從午後黃昏聊到夜色深沉，然後，兩個人躺在一張床上，睡到第二天醒來。

他再三向我強調：「我們什麼都沒有發生。」

我說：「我信。」

他說：「可是我女朋友不信，不論我怎麼向她解釋，她都鐵了心要跟我分手。」

我翻著白眼回覆道：「大概是因為你太純潔了，她覺得自己配不上你。」

你跟異性朋友的關係純不純潔？合不合適？噁不噁心？不是你覺得內心坦蕩就夠了，你和異性朋友的關係是否純潔的裁判員是你的女朋友。她覺得你過分了，你就是過分了；她覺得沒問題，才叫沒問題。

我所理解的純潔，是能讓自己的女朋友放心，是能夠和異性朋友保持適度的距離。而不是用「我們只是普通朋友」「正常的見面吃飯而已」「你別胡思亂想」「我們要在一起早在一起了」「我跟你說就說明我心裡沒鬼」之類的言辭來安撫你那已經崩潰了的另一半。

再說了，真正純潔的異性友誼，也不應該躺在一張床上，然後用「我們什麼都沒有發生」來證明這份友誼的純潔。

與其有你這樣純潔到可以跟異性睡在一張床上的男朋友，不如找一個不純潔的男朋友，他深知自己不夠純潔，所以不會允許自己跟異性睡在一張床上。

不論友情還是愛情，保護它的最好方式是努力讓它避開考驗，而不是故意給它製造難題！

橘子小姐發了一個社群動態：「誠意可以裝，老實可以裝，清純也可以裝，請問這個世界還有什麼是真的？」

一問才知道，她是被自己的室友噁心到了。

同樣是賺零用錢，橘子小姐每天熬夜寫文章賣錢，那位室友卻在淘寶上買東西，然後到處寫壞評價，以此來逼迫賣家返回一些現金做為補償。

同樣是參加作文評選，橘子小姐憑實力得了第三名，那位室友卻花錢雇了一批網路打手，瘋狂為自己的文章按讚，結果她拿了第一名。

更讓橘子小姐噁心的是，室友拿到賣家補償的錢了，還到處跟人炫耀，就像是她辛苦賺來的一樣；拿到作文評選的獎狀了，還逢人就說自己讀了多少書，就好像這獎狀是她應得的。

真正讓橘子小姐覺得噁心的，不是室友醜陋的行為，而是她戴了一副漂亮的面具。

我問她：「那你為什麼不去給賣家壞評價？你為什麼不去買粉絲炒作？」

她說：「因為我覺得那樣做很噁心。」

我說：「這就行了，你既然選擇了鄙視她，也就沒必要跟她較勁。把不擇手段的人抬舉成對手，太窩囊了。」

我的意思是，繼續做你自己覺得對的事情就行了。她的奸邪，勝之不武；你的堅守，雖敗猶榮！

很多人只是合照很多，並不是朋友很多；很多人只是比你更會撒謊，並不是真的光芒萬丈。所以用不著耿耿於懷。

成熟的標誌之一是，就算遇見了道貌岸然的人，就算有避免不了的明槍暗箭，自己還是聽從內心，不放縱，不妥協，在並不友善的環境裡，兵來將擋，水來土掩，一如既往地做好自己！

在任何一個圈子裡，你都應該有自己的想法和堅持，即便是隨時都有可能敗下陣來，即便是被一些人誤解，即便是被某個圈子排擠在外，你都不能乖乖地束手就擒。

你該較真的是，自己還能不能與司空見慣的裝腔作勢戰鬥？還能不能與顯而易見的阿諛奉承戰鬥？還能不能與心胸狹隘的羨慕嫉妒戰鬥？

借南京大學張異賓教授的話來說就是：「願你們在進入這個物性的社會的時候，遇到低俗、平庸、無恥時，會在生理上產生一種深深的厭惡感。」

不管是學習、工作、生活，還是感情，你內心的聲音永遠是最好的參謀！

所以，凡是違背良心的事，你就不該去做。

守住自己的底線，你可能會因此失去一些東西，可能占不到便宜，但你得到的，一定不會讓你覺得噁心。

所以，別再抱怨世界不公平，也別再說「好人成佛需要經歷九九八十一難，而壞人成佛只需要放下屠刀」這種話，你該反問自己：「我願意做個壞人嗎？我做壞事，能安心嗎？我做壞人，能及格嗎？」

很多人都知道做人要有底線，但很多人所謂的底線卻是「分情況」和「看心情」。

有人將「出軌」定為愛情的底線，結果事到臨頭卻在糾結：「他究竟是一時衝動，還是被人誘惑？」「他究竟是早就心有所屬了，還是不小心犯了錯誤？」

有人將「背叛」視為友誼的底線，結果被人騙了卻在煩惱：「也許她有難言之隱，也許她是怕傷害我，畢竟能交到一個掏心掏肺的朋友不容易。」

有人將「熱愛」當作事業的底線，結果被小心眼的上司虐得死去活來，決心要離職卻又猶猶豫豫：「這麼好的機會不能放棄啊，再說了，哪個上司不虐下屬……」

有的人在人多的地方會把垃圾分類再放進垃圾桶裡，但四下無人時卻隨手就扔；在大白天遛狗的時候，會自覺收拾寵物糞便，而在夜裡卻對自己寵物的糞便視若無睹。

有的人在社群網站裡表現得非常懂事、乖巧，私底下卻非常蠻橫；在外人面前表現得非常有教養，私底下卻性情暴戾，滿口髒話。

其實，真正的底線，意味著「絕不」，意味著「沒有商量的餘地」，意味著「在別人看不到的地方也依然如此行事」。

一個人有沒有教養、值不值得信賴，就看他能不能在缺少監督的情況下守住道德的高地。

有底線的人，不是不知道這個世界的汙濁和黑暗，而恰恰是因為知道，所以更想堅守原則。

這樣的人不會為了眼前的利益而放棄自己的原則，因為他知道，因為違背原則而留下的汙點，因為僥倖而產生的虧心，比電池更難降解。

這樣的人不會允許自己淪落為骯髒的一部分，也不會為所謂的「捷徑」和「方便」搖旗吶喊，更不會輕易被金錢、美色、權力所迷惑。

這樣的人知道活著的樂趣是對美好的一切不遺餘力，對不美好的一切保持淡定。他們知道壞人有時候會得盡好處，但他們依然選擇做好人；他們知道有些好逸惡勞的人也能扶搖直上，但他們依然選擇勤勤懇懇；他們知道出賣良心和道德可以換來衣食無憂，但他們依然選擇守住本心。

最後，請記住豐子愷老先生的話：「有些動物主要是皮值錢，譬如狐狸；有些動物主要是肉值錢，譬如牛；有些動物主要是骨頭值錢，譬如人。」

高寶書版集團
gobooks.com.tw

高寶文學 045

每天演好一個情緒穩定的大人

作　　者　老楊的貓頭鷹
特約編輯　林婉君
助理編輯　陳柔含
封面設計　林政嘉
內頁排版　賴姵均
企　　劃　何嘉雯

發 行 人　朱凱蕾
出　　版　英屬維京群島商高寶國際有限公司台灣分公司
　　　　　Global Group Holdings, Ltd.
地　　址　台北市內湖區洲子街 88 號 3 樓
網　　址　gobooks.com.tw
電　　話　(02) 27992788
電　　郵　readers@gobooks.com.tw（讀者服務部）
　　　　　pr@gobooks.com.tw（公關諮詢部）
傳　　真　出版部　(02) 27990909　行銷部 (02) 27993088
郵政劃撥　19394552
戶　　名　英屬維京群島商高寶國際有限公司台灣分公司
發　　行　英屬維京群島商高寶國際有限公司台灣分公司
初版日期　2020 年 1 月

原書名：每天演好一個情緒穩定的成年人
本作品中文繁體版通過成都天鳶文化傳播有限公司代理，經中南博集天卷文化傳媒有限公司授予英屬維京群島商高寶國際有限公司台灣分公司獨家發行，非經書面同意，不得以任何形式，任意重製轉載。

國家圖書館出版品預行編目 (CIP) 資料

每天演好一個情緒穩定的大人／老楊的貓頭鷹著 .
-- 初版 . -- 臺北市：高寶國際出版：
高寶國際發行 , 2020.01
　面；　公分 . -- (高寶文學：045)

ISBN 978-986-361-778-5(平裝)
1. 生活指導　2. 成功法

177.2　　108020538